SAMMLUNG GÖSCHEN BAND 1198

GRUNDLAGEN DER STRASSENVERKEHRSTECHNIK

THEORIE DER LEISTUNGSFÄHIGKEIT

von

DR. TECHN. DIPL.-ING. EDWIN ENGEL

Mit 55 Abbildungen

WALTER DE GRUYTER & CO.
vormals G. J. Göschen'sche Verlagshandlung · J. Guttentag, Verlagsbuchhandlung · Georg Reimer · Karl J. Trübner · Veit & Comp.
BERLIN 1961

Inhaltsübersicht

Seite

I. Der individuelle Straßenverkehr 5

1. Begriffe 5
2. Verkehrsarten 6
3. Die Verkehrszusammensetzung 7
4. Verkehrserhebungen 7
5. Die Verkehrsanalyse 8
   a) Personenwagen-Einheiten 8
   b) Verkehrsganglinie 9
   c) Verkehrsströme 10
6. Die Verkehrsprognose 11
   a) Zeitliche Verkehrsprognose 11
   b) Räumliche Verkehrsprognose 12
7. Grundlagen der Fahrdynamik des Kraftwagens 13
   a) Motorzugkraft und Fahrtwiderstände 13
   b) Verfahren zur Fahrzeitermittlung 14
   c) Treibstoffverbrauch 16

II. Die inneren Gesetze des Verkehrsstromes 17

1. Der Verkehrsstrom als statistisches Kollektiv 17
2. Die Geschwindigkeitsverteilung 18
   a) Momentane Geschwindigkeits-Stromverteilung 18
   b) Örtliche Geschwindigkeitsmischung 18
3. Die Exponentialverteilung der Zeitlücken 21
4. Das Poisson'sche Gesetz 22
5. Bildung von Fahrzeugkolonnen 24
6. Zeitlückenverteilung gestörter Ströme 25
7. Die Binomialverteilung 27

III. Begriffe der Leistungsfähigkeit 28

IV. Die freie Strecke 29

1. Der Verkehrsablauf 29
2. Die ideelle Leistungsfähigkeit einer Fahrspur 32
3. Die mögliche Leistungsfähigkeit 33
   a) Grundwerte der möglichen Leistungsfähigkeit 33
   b) Leistungsbestimmende Fahrbahneinflüsse 34
4. Die praktische Leistungsfähigkeit 38
5. Die empirische Methode nach Pampel 39
6. Die maßgebende Verkehrsmenge 40
   a) Häufigkeits- und Dauerlinien des Tagesverkehrs 40
   b) Häufigkeits- und Dauerlinien des Jahres 40
   c) Das Kriterium für die maßgebende Verkehrsmenge 42

V. Knoten ohne Signalregelung 42

1. Die elementaren Verkehrsvorgänge 42
   a) Kreuzen 42
   b) Einfädeln 44
   c) Ausfädeln 45
   d) Verflechten 45
2. Messung der maßgebenden Zeitlücken 46
   a) Exaktes Verfahren 46
   b) Näherungsmethoden 47

Seite

3. Die Vorfahrtregelung 49
   a) Vorfahrt des von rechts Ankommenden 49
   b) Knoten mit Haupt- und Nebenströmen 50
4. Die ideelle Leistungsfähigkeit 50
5. Die mögliche Leistungsfähigkeit 51
6. Die praktische Leistungsfähigkeit 53
   a) Allgemeines Modell 53
   b) Vereinfachtes Modell 54
   c) Kriterien für die praktische Leistungsfähigkeit 58
7. Die maßgebende Verkehrsbelastung und die Leistungsreserve 61
8. Einfädelungsspuren 62
   a) Verkehrsvorgang 62
   b) Ideelle Leistungsfähigkeit 63
   c) Mögliche Leistungsfähigkeit 63
   d) Praktische Leistungsfähigkeit 64
9. Verflechtungsstrecken 65
   a) Konstruktive Ausbildung 65
   b) Ideelle Leistungsfähigkeit 66
   c) Mögliche Leistungsfähigkeit 67
   d) Praktische Leistungsfähigkeit 67
   e) Anwendungsbeispiele und Abarten 68

VI. Signalgeregelte Knoten 69

1. Das Lichtsignal des Straßenverkehrs 69
2. Grundsätze der Signalsteuerung 70
3. Die Signalzufahrt 72
4. Die ideelle Leistungsfähigkeit einer Signalzufahrt 73
5. Die mögliche Leistungsfähigkeit einer Signalzufahrt 74
   a) Die maßgebende Spurbreite 74
   b) Die Anfahrzeiten 75
   c) Die effektive Öffnungs- und Sperrzeit 75
   d) Die mögliche Leistungsfähigkeit 76
6. Die praktische Leistungsfähigkeit einer Signalzufahrt 76
   a) Das stochastische Modell 76
   b) Der Fahrzeugstau und die Wartezeiten 78
   c) Kriterien für die praktische Leistungsfähigkeit 82
7. Die Periodendauer 85
   a) Anfahr- und Phasenverluste 85
   b) Stau, Wartezeiten und Überlastung des Signales 86
   c) Die Wahl der Periodendauer 87
8. Der Phasenablaufplan 88
   a) Das Phasensystem 88
   b) Die Phasenberechnung 89
9. Verkehrsabhängige Steuerung 91

VII. Koordinierte Signalsteuerung 92

1. Koordinierungssysteme 92
2. Die Verkehrsströme in koordinierten Systemen 93
3. Grundsätze der Koordinierung 95
   a) Der Phasenablaufplan 95
   b) Die Leistungsfähigkeit 97
4. Die Einfahrt in koordinierte Systeme 98

Literatur 100

Register 101

I. Der individuelle Straßenverkehr

1. Begriffe

Der individuelle Straßenverkehr ist die Summe aller nicht an Schienen gebundenen Fahrzeuge, die die für sie konstruierten Verkehrsflächen zum Aufenthalt oder zum Fortbewegen benützen. Er besteht aus

dem *ruhenden Verkehr*, den die nicht benützten, stillstehenden Fahrzeuge bilden,

dem *arbeitenden Verkehr*, den die zum Zwecke der Be- und Entladung kurzzeitig stillstehenden Fahrzeuge darstellen, und aus

dem fließenden Verkehr, den die bewegten Fahrzeuge erzeugen.

Eine *Fahrbahn* ist jener Teil einer Straße, der vorwiegend dem fließenden Verkehr zur Fortbewegung in einer oder in beiden Richtungen dient.

Eine *Fahrspur* ist ein Teil einer Fahrbahn, deren Querschnitte nur jeweils von einem Fahrzeug passiert werden können (= Fahrstreifen).

Knotenpunkte sind Abzweigungen, Einmündungen und Überschneidungen von zwei oder mehreren Fahrbahnen in gleicher Höhenlage (plangleiche Knoten) oder in verschiedenen Höhenlagen (kreuzungsfreie Knoten).

Die *Verkehrsmenge* ist die Summe der Fahrzeuge oder eine gleichwertige Anzahl von Einheitsfahrzeugen, die in einer Stunde einen Fahrbahnquerschnitt durchfahren.

Die *Verkehrsdichte* ist die Zahl der Fahrzeuge, die sich zu einem bestimmten Zeitpunkt auf einem bestimmten Fahrbahnabschnitt (z. B. 1 km) befinden.

Ein *Verkehrsstrom* ist die zwischen zwei Fahrbahnquerschnitten fließende Verkehrsmenge.

2. Verkehrsarten

Der fließende Verkehr stellt eine Übergangsform zwischen dem arbeitenden und ruhenden Verkehr dar. Die Abstell- und Arbeitsplätze sind die Ziele und Quellen des fließenden Verkehrs.

In bezug auf einen bestimmten abgegrenzten Bereich (Stadt, Bezirk, Land, Zählbereich usw.) unterscheidet man (Abb. 1) folgende Arten des fließenden Verkehrs:

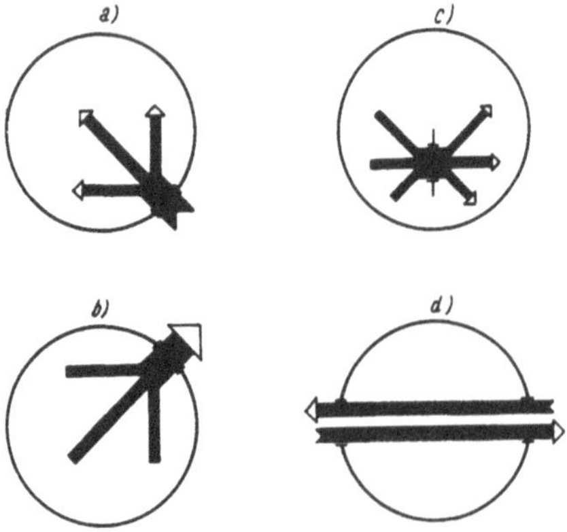

Abb. 1. Verkehrsarten in bezug auf ein bestimmtes Gebiet.
a . . . Zielverkehr, *b* . . . Quellverkehr, *c* Binnenverkehr,
d . . . Durchgangsverkehr.

·) Der *Zielverkehr.* Er stellt jene Verkehrsmenge dar, die n Fahrbahnquerschnitt in der Umgrenzung des be-·eten Gebietes durchfährt und sein vorübergehendes ·auerndes Ziel in dem Gebiet hat.

·er *Quellverkehr.* Er ist jener Teil der Verkehrs-·ler einen Fahrbahnquerschnitt in der Umgrenzung ·chteten Gebietes durchfährt und sein Ziel im ·t hat, sein vorhergehendes Ziel jedoch im hatte.

c) Der *Binnenverkehr*. Er bildet jenen Teil der Verkehrsmenge, der einen Fahrbahnquerschnitt innerhalb des betrachteten Gebietes durchfährt, und dessen Quelle und Ziel innerhalb des Gebietes liegen.

d) Der *Durchgangsverkehr*. Jene Fahrzeuge, die an einem Fahrbahnquerschnitt in das betrachtete Gebiet einfahren und dieses ohne Unterbrechung der Fahrt wieder verlassen, bilden den Anteil des Durchgangsverkehrs eines Fahrbahnquerschnittes an der Grenze oder im Innern des Gebietes.

3. Die Verkehrszusammensetzung

Der individuelle Straßenverkehr besteht aus einer Vielfalt von Teilnehmern mit unterschiedlichen Eigenschaften. Den Verkehrsablauf beeinflussen besonders

die Abmessungen (Länge, Breite, Höhe) der Fahrzeuge
die Leistungsfähigkeit des Antriebes
das Gewicht
u. a.

Die Fahrzeuge werden zu *Fahrzeugarten* mit ähnlichen Fahreigenschaften zusammengefaßt:

1. Personenwagen, Kombinationsfahrzeuge, Lieferwagen
2. Lastwagen, Kraftomnibusse und Obusse
3. Lastzüge (= Lastwagen mit Anhänger)
4. Sonderfahrzeuge (Landwirtschaftliche, militärische Fahrzeuge, u. a.)
5. Krafträder (Motorräder und Motorroller)
6. Fahrräder und Mopeds
7. Nichtmotorisierte Fahrzeuge (Handwagen, Fuhrwerke)

4. Verkehrserhebungen

Das Verkehrsgeschehen kann nur in Sonderfällen hinreichend verläßlich vorausberechnet oder geschätzt werden. Sowohl die äußeren Gesetzmäßigkeiten des Verkehrs (z. B. Verkehrsarten, Fahrzeugarten, Verkehrsmenge) als auch die inneren Gesetze (die Eigenschaften der einzelnen Fahrzeuge, ihr gegenseitiges Verhalten) werden durch Verkehrserhebungen gefunden.

Verkehrszählungen dienen dazu, um

a) in einem Fahrbahnquerschnitt während bestimmter Zeitabschnitte die durchfahrende Verkehrsmenge zu messen (Querschnittzählungen). Sie liefern die zeitlichen Schwankungen der Verkehrsmenge, unterteilt nach den Fahrzeugarten.

b) in einem Fahrbahnquerschnitt die während einer kurzen Zeitdauer durchfahrende Verkehrsmenge zu messen und um dabei von jedem einzelnen Fahrzeug die Quelle, den bisherigen Fahrtweg und den anschließend beabsichtigten Fahrtweg und das nächste Ziel zu bestimmen (Stromzählungen). Sie liefern die einzelnen Verkehrsströme zu einem bestimmten Zeitpunkt.

Verkehrsbeobachtungen bringen Aufschluß über das Verhalten der einzelnen Verkehrsteilnehmer, nämlich über

a) die Fahrgeschwindigkeit
b) die Zeitabstände beim Durchfahren eines Querschnittes
c) die räumlichen Abstände
d) die Beschleunigungen und Verzögerungen
e) die Verkehrsvorgänge an Knoten, z. B. Wartezeiten, Fahrzeugstau
f) die Überholungen, u. a.

5. Die Verkehrsanalyse

Jene Vorarbeit für verkehrstechnische Berechnungen, die mit der Aufbereitung der Verkehrszählungen zu leisten ist, ist die Verkehrsanalyse.

a) Personenwagen-Einheiten

Der vorhandene Verkehr, der aus verschiedenen Fahrzeugarten zusammengesetzt ist, wird in einen ideellen, homogenen und gleichwertigen Verkehr verwandelt, indem man die Fahrzeuge der einzelnen Fahrzeugarten durch eine entsprechende Anzahl von Einheitsfahrzeugen ersetzt. Als Einheitsfahrzeug wird der durchschnittliche Personenwagen verwendet. Die Gewichtsfaktoren zum Umrechnen der Fahrzeuge in Personenwagen-Einheiten sind im Hinblick auf den Zweck der beabsichtigten Untersuchung oder Berechnung zu bestimmen. Abgerundete Durchschnittswerte, die näherungsweise für alle Arten verkehrstechnischer Berechnungen verwendet werden können, sind:

Tabelle 1.

1 Fahrzeug einer Fahrzeugart	Personenwagen-Einheiten
1 Personenwagen, Kombinationsfahrzeug, Lieferwagen	1
1 Lastkraftwagen, Kraftomnibus, Obus, Sonderfahrzeug	2
1 Anhänger	1,5
1 Kraftrad	0,5
1 Rad, Moped	0,3
(1 nichtmotorisiertes Fahrzeug	2)

b) Verkehrsganglinien

Die Verkehrsmenge ist eine variable Größe, die sich mit der Zeit stetig verändert. Bei Querschnittzählungen des Verkehrs wird die Zähldauer in Stunden unterteilt, und die stündlichen Verkehrsmengen werden als Mittelwerte zu stufenförmigen Ganglinien (= Häufigkeitslinien) vereinigt (Abb. 2). Durch Interpolation kann für jede Tageszeit der

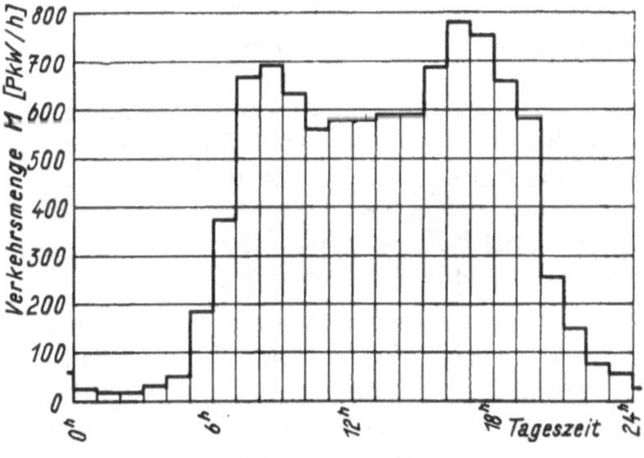

Abb. 2. Ganglinie der stüdlichen Verkehrsmenge eines Tages.

Augenblickswert der Verkehrsmenge geschätzt werden; die tatsächlichen Größtwerte und Kleinstwerte sind nur ungenau bestimmbar.

Verkehrsganglinien werden für die Fahrzeugarten und für die Summe der Personenwagen-Einheiten ermittelt; sie sind untereinander ähnlich, wenn sich die Verkehrszusammensetzung nicht verändert.

Tagesganglinien des Verkehrs weisen Gesetzmäßigkeiten auf, die bestimmten Straßentypen entsprechen. Die Verkehrsmenge erreicht während eines Tages i. a. einen oder zwei Größtwerte. Die Verkehrsmenge einzelner Stunden oder einiger Stunden zusammen steht zur gesamten Verkehrsmenge eines Tages in einem praktisch gleichbleibenden Verhältnis (vgl. IV/6/a).

c) Verkehrsströme

In allen Fahrbahnquerschnitten, die einen Untersuchungsbereich begrenzen, werden durch eine Stromzählung während der gleichen Tageszeit die Verkehrsströme festgestellt, die ihr Ziel oder ihre Quelle oder keines von beiden in diesem Bereich haben. Die einzelnen Ströme werden in einem maßstäblichen *Strombelastungsplan* (Abb. 3a) vereinigt, wobei die Breite der Bänder der Verkehrsmenge eines Querschnitts entspricht. Der Binnenverkehr kann dabei durch einige zusätzliche Querschnitt- oder Stromzählungen im Innern des Untersuchungsbereiches ermittelt werden. Stellt man die Verkehrsmenge während einer bestimmten Stunde des Tages, die die Querschnittzählungen an einzelnen Zählquerschnitten am Rande und im Innern des Bereiches ergaben, zusammen, so erhält man einen maßstäblichen *Querschnitt-Belastungsplan* (Abb. 3b), der nicht mehr alle einzelnen Fahrtwege wiedergibt.

Einen Sonderfall eines Strom-Belastungsplanes oder eines Querschnitt-Belastungsplanes stellt ein Knoten-Belastungsplan dar (Abb. 3c). Durch Querschnittzählungen können alle Verkehrsströme eindeutig bestimmt werden; es müssen so viele voneinander unabhängige Querschnittzählungen

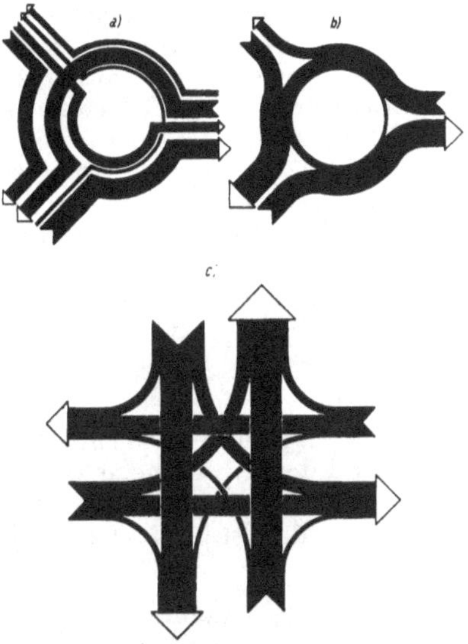

Abb. 3. Strombelastungsplan (*a*), Querschnittbelastungsplan (*b*), Knotenbelastungsplan einer Kreuzung (*c*).

während einer bestimmten Stunde vorhanden sein, als es Verkehrsströme im Knoten gibt.

6. Die Verkehrsprognose

a) Zeitliche Verkehrsprognose

Die Planung von Anlagen für den individuellen Straßenverkehr erfolgt im Hinblick auf die zukünftige Verkehrsentwicklung, und zwar derart, daß die am Ende eines festgelegten *Planungszeitraumes* zu erwartende Verkehrsbelastung die Leistungsfähigkeit nicht übersteigt. Als Planungszeitraum werden je nach der Bedeutung und der erwarteten Bestandsdauer einer Anlage 15 bis 30 Jahre oder mehr angenommen.

Die Verkehrsprognose ist eine Voraussage über die am Ende des Planungszeitraumes vorhandene Verkehrsbelastung auf Grund des zu Beginn desselben festgestellten Verkehrs. Sie besteht aus

1. der *Motorisierungsprognose*. Sie ist eine Voraussage über den zu erwartenden *Motorisierungsgrad*, das ist über die Zahl der zum Verkehr zugelassenen Kraftfahrzeuge pro 1000 Einwohner eines Gebietes. Sie ist für die einzelnen Kraftfahrzeugarten gesondert zu erstellen;

Die Motorisierungsentwicklung steht während längerer Zeitabschnitte in einer annähernd gleichbleibenden Relation zur Entwicklung des Bruttosozialproduktes der Bevölkerung eines Landes, eines Bezirkes, einer Stadt usw.

2. der *Prognose der mittleren Fahrleistungen*. Die von einem Kraftfahrzeug jährlich im Durchschnitt zurückgelegte Wegstrecke nimmt mit zunehmendem Motorisierungsgrad meistens ab.

Das Produkt aus dem Zunahmefaktor des Motorisierungsgrades und dem Abnahmefaktor der mittleren Fahrleistungen ergibt den Prognosefaktor des Verkehrs. Es wird angenommen, daß sich die Ganglinien des Verkehrs affin verändern.

b) Räumliche Verkehrsprognose

Neue Verkehrsanlagen ziehen aus ihrer Umgebung Verkehr an sich, und es entsteht auf ihnen ein zusätzlicher, spontaner Neuverkehr. Die Vorhersage über das Abwandern von Teilen der Verkehrsströme der bestehenden Anlagen auf neue oder verbesserte kann nach folgenden Kriterien erfolgen.

1. *Fahrzeit und Treibstoffverbrauch des Einzelfahrzeuges.* Auf Grund der fahrdynamischen Eigenschaften (I/7) eines repräsentativen Fahrzeuges kann die Fahrzeit und der Treibstoffverrbauch auf einer vorgegebenen Fahrspur ermittelt werden, wenn das Fahrzeug seine günstigste Fahrweise wählen kann, ohne durch den übrigen Verkehr behindert zu werden. Das Kriterium ist daher nur anwendbar, solange die Verkehrsbelastung verhältnismäßig gering ist.

2. *Fahrzeit und Treibstoffverbrauch des Verkehrsstromes.* Die Fahrweise der Fahrzeuge im dichten Verkehrsstrom

wird zum Teil durch die fahrdynamischen Gesetze, zum Teil aber durch gegenseitige Beeinflussung bestimmt. Einschränkungen der Überholmöglichkeiten und aufgezwungene Fahrgeschwindigkeit, Zeitverluste durch Bremsen und Beschleunigen, Wartezeiten an Knoten und der damit zusammenhängende Mehrverbrauch an Treibstoff sind zu berücksichtigen.

3. *Sonstige Umstände.* Neben den Wirtschaftlichkeitskriterien 1 und 2 wirken sich auf die Benützung einer Verkehrslage aus

die Sicherheit (z. B. Beleuchtung, Fahrbahnoberfläche, Fahrbahntrennung usw.),
die Bequemlichkeit,
die Gewohnheit.

Diese Einflüsse sind zum Teil nach der Erfahrung abzuschätzen.

7. Grundlagen der Fahrdynamik

a) Motorzugkraft und Fahrtwiderstände

Die Leistung $E(n)$, die ein Motor bei Vollast abgibt, ist als empirische Funktion der Motordrehzahl n bekannt. Die größte Motorzugkraft z an den Antriebsrädern, bezogen auf das Fahrzeuggewicht Q, erhält man aus der Höchstleistung gemäß

$$z = \frac{Z}{Q} = \frac{E(n) \cdot \eta_i}{Q \cdot V} 270 \quad \ldots [^0/_{00}] , \qquad (1)$$

$E(n)$ = Motorleistung in [PS]
Z = Zugkraft in [kp]
Q = Fahrzeuggewicht in [Mp]
V = Fahrgeschwindigkeit in [km/h]
η_i = Wirkungsgrad des Antriebes bei der i-ten Schaltstufe.

Die Fahrgeschwindigkeit V ist der Motordrehzahl n proportional,

$$V_i = 0{,}06 \frac{n D \pi}{u_{1i} \cdot u_2} , \qquad (2)$$

D = dynamischer Triebraddurchmesser in [m]
$1 : u_{1i}$ = Untersetzungsverhältnis des Wechselgetriebes bei der i-ten Schaltstufe
$1 : u_2$ = Untersetzungsverhältnis der angetriebenen Achse.

Die größte spezifische Motorzugkraft $z = z(V)$ ist daher eine unstetige Funktion der Fahrgeschwindigkeit und der Schaltstufe (Abb. 4). Sie übersteigt bei durchschnittlichen Reibungsverhältnissen zwischen Rad und Fahrbahn die Grenze der Reibungszugkraft nicht.

Ein Teil der verfügbaren, spezifischen Motorzugkraft ist notwendig, um die auf das Fahrzeuggewicht bezogenen Fahrtwiderstände zu überwinden, und zwar

1. den spezifischen Grundwiderstand w_0 in [‰],
2. den Neigungswiderstand $\pm s$ in [‰], der die Streckenlängsneigung darstellt,
3. den mit der Fahrgeschwindigkeit annähernd quadratisch zunehmenden, spezifischen Luftwiderstand w_v in [‰], wobei

$$w_v = 0{,}05 \frac{k F V^2}{Q}, \tag{3}$$

k = Formbeiwert des Fahrzeuges
F = Querschnittsfläche des Fahrzeugs in [m²]
V = relative Windgeschwindigkeit in [km/h], i. a. mit der Fahrgeschwindigkeit identisch.

Der Teillastfaktor δ ist das Verhältnis der beanspruchten spezifischen (oder absoluten) Motorzugkraft und der größten spezifischen (oder absoluten) Motorzugkraft. Ist bei konstanter Fahrgeschwindigkeit $\delta < 1$, dann kann das Fahrzeug durch die noch verfügbare, freie, spezifische Zugkraft $\delta \cdot z(V) - (w_0 \pm s + w_v)$ beschleunigt werden.

Aus der Bremsleistung $E(n)$ des Motors wird die spezifische Bremskraft $z(V)$ analog (1) berechnet.

b) Verfahren zur Fahrzeitermittlung

Mit gleichbleibender Fahrgeschwindigkeit v [m/s] = = 1/3,6 V [km/h] wird während der Zeit t die Wegstrecke l zurückgelegt,

$$l = v\,t\,. \tag{4}$$

Ist die Fahrgeschwindigkeit veränderlich, dann unterteilt man die Wegstrecke l in Teilstrecken Δl und die Zeit t in Zeitintervalle Δt.

Die Verzögerung oder Beschleunigung des Fahrzeuges beschreibt das dynamische Grundgesetz, angewendet auf die Gewichtseinheit des Fahrzeuges,

$$\delta \cdot z(V) - (w_0 \pm s + w_v) \cdot \frac{\varrho}{g} \cdot \frac{\Delta v}{\Delta t} = \frac{\varrho}{2\,g} \cdot \frac{\Delta v^2}{\Delta l}\,, \tag{5}$$

$g = 9{,}81\ \mathrm{m/s^2}$ .. mittlere Erdbeschleunigung
$\varrho > 1$ .. Faktor zur Berücksichtigung der rotierenden Massen.

Dabei hat man ausreichend kleine Wegstrecken Δl zu wählen, um eine gewünschte Rechengenauigkeit zu erreichen. Aus (5) entsteht

$$\frac{\delta \cdot z(V) - (w_0 \pm s + w_v)}{\Delta v^2} = \frac{\varrho}{2\,g \cdot \Delta l} = \frac{1}{2} \tan \varepsilon\,. \tag{6}$$

Im Zugkraftdiagramm (Abb. 4) wird die um den szezifischen Grundwiderstand w_0 und um den Luftwiderstand w_v verminderte, spezifische Motorzugkraft in Abhängigkeit von der Fahrzeuggeschwindigkeit V dargestellt, wobei als *Abszisse das Quadrat der Geschwindigkeit* verwendet wird. Man unterteilt die zu untersuchende Strecke l in gleich lange Intervalle Δl und bestimmt die mittlere Neigung s für jedes Intervall; in kreisförmigen Gefällsausrundungen mit dem Halbmesser R unterscheiden sich die mittleren Neigungen s aufeinanderfolgender Intervalle um den konstanten Betrag

$$\Delta s = \frac{\Delta l}{R}\,. \tag{7}$$

Die mittlere Fahrgeschwindigkeit in der Teilstrecke Δl sei v_m. Zeichnet man im Zugkraftdiagramm ein gleichschenkeliges Dreieck mit der Ordinate $\delta \cdot z(V) - (w_0 \pm s + w_v)$ und mit dem Basiswinkel ε, wobei die Linie des Neigungs-

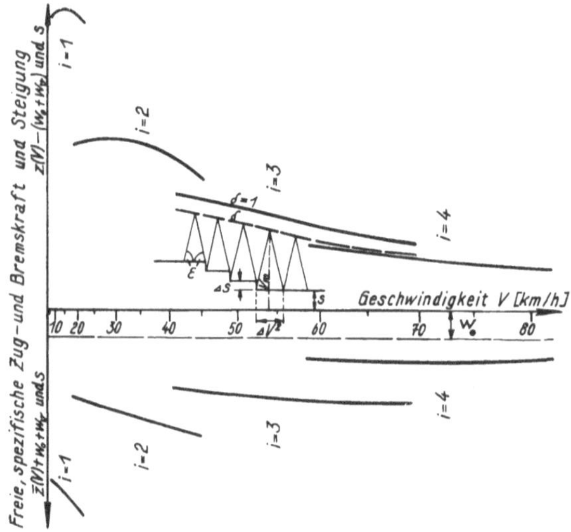

Abb. 4. Zug- und Schleppkraftdiagramm eines Verbrennungsmotors.

widerstandes s des Intervalles die Basis bildet, so entspricht die Länge der Basis dieses Dreieckes dem Unterschied der Geschwindigkeitsquadrate; auf der Abszisse kann daher der Geschwindigkeitsunterschied ΔV abgelesen werden, den die Motorbelastung $\delta \cdot z(V)$ längs der Strecke Δl bewirkt. Hierfür ist die Zeit Δt erforderlich,

$$\Delta t_1 = \frac{\Delta l}{v_m} = 3{,}6\,\frac{\Delta l}{V_m}\,. \tag{8}$$

c) Treibstoffverbrauch

Die Treibstoffmenge $b_e(n)$ in [Gramm], die ein Motor pro Pferdestärke und Stunde bei Vollast verbraucht, wird in Abhängigkeit von der Motordrehzahl n empirisch bestimmt. Der Treibstoffverbrauch pro Pferdestärke und Stunde bei der Teillast $\delta \cdot E(n)$ beträgt $b_e(n) \cdot d(\delta)$. Der Drosselfaktor $d(\delta)$ ist eine empirische, nicht lineare Funktion des Teillastfaktors δ. Damit berechnet man den Treibstoffverbrauch $b_{\delta}(V)$ pro Zeiteinheit in Abhängigkeit von der Fahrgeschwindigkeit V, der Schaltstufe i und dem Teillastfaktor δ (Abb. 5) gemäß

$$b_{\delta}(V) = \frac{E(n) \cdot d(\delta) \cdot b_e(n)}{3600} \text{ [Gramm/Sekunde]}. \quad (9)$$

Der Treibstoffverbrauch $\Delta B_{\delta}(V)$ für die Teilstrecke Δl beträgt

$$\Delta B_{\delta}(V) = b_{\delta}(V) \frac{\Delta l}{v_m} = \frac{E(n) \cdot d(\delta) \cdot b_e(n)}{1000\, V_m} \Delta l \text{ [Gramm]}. \quad (10)$$

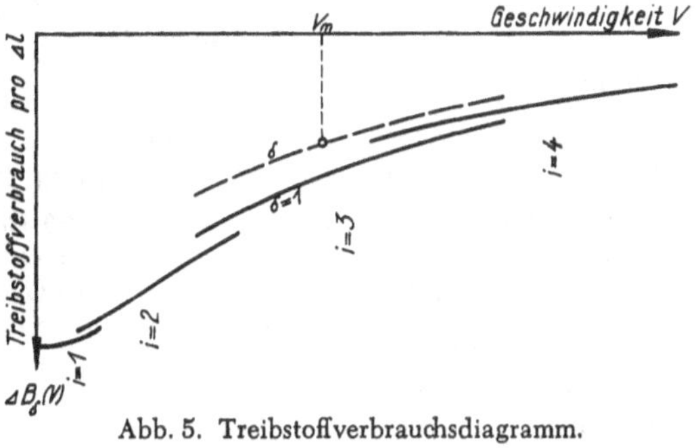

Abb. 5. Treibstoffverbrauchsdiagramm.

II. Die inneren Gesetze des Verkehrsstromes

1. Der Verkehrsstrom als statistisches Kollektiv

Die einzelnen Fahrzeuge eines Verkehrsstromes erscheinen, bedingt durch das individuelle Verhalten der Verkehrsteilnehmer, durch die verschiedenen Fahrzeugtypen sowie durch den veränderlichen Zustand der Fahrzeuge, hinsichtlich gewisser Merkmale unterschiedlich. Derartige Merkmale sind

die Fahrgeschwindigkeit,
der räumliche und zeitliche Fahrzeugabstand,
die Fahrzeuganzahl je Fahrspur- oder je Zeitintervall
u. a.

Die örtliche oder zeitliche Größe dieser Merkmale läßt sich für ein bestimmtes Fahrzeug nicht eindeutig vorhersagen. Hingegen kennt man die entsprechenden Mittelwerte für den gesamten Verkehrsstrom, z. B. durch Verkehrserhebungen. Wegen der großen Anzahl der Fahrzeuge innerhalb eines Beobachtungsraumes oder einer Beobachtungszeit lassen sich zu den Merkmalgrößen die relativen Häufigkeiten feststellen, mit denen sie auftreten. Der Verkehrsstrom ist eine Massenerscheinung und wird daher als statistischen Kollektiv betrachtet, dessen Fahrzeuge als Individuen Träger von stochastischen Merkmalen sind. Der Verkehrsablauf innerhalb eines Verkehrsstromes wird durch die Zuordnung der relativen Häufigkeiten (= Wahrscheinlichkeiten) zu den Merkmalen beschrieben (Wahrscheinlichkeits-Verteilungen).

2. Die Geschwindigkeitsverteilung

a) Momentane Geschwindigkeits-Stromverteilung

Zu einem bestimmten Zeitpunkt wird die Fahrgeschwindigkeit aller Fahrzeuge, die sich auf einem betrachteten Fahrbahnabschnitt befinden, festgestellt. Die beobachteten Streuungen sind teilweise zufällig, teilweise aber durch die örtlichen Ausbauverhältnisse kausal bedingt. Innerhalb einer Strecke mit gleichbleibenden Anlageverhältnissen entspricht die beobachtete Geschwindigkeitsverteilung unter bestimmten Voraussetzungen über die Verkehrsmischung angenähert einer *Gaußschen Normalverteilung* (II/2/b). Ihr Mittelwert ist nur durch Messungen bestimmbar.

b) Örtliche Geschwindigkeitsmischung

In einem Beobachtungsquerschnitt werden die Geschwindigkeiten einer bestimmten Zahl hintereinander fahrender Fahrzeuge beim Passieren festgestellt. Die gemessenen Werte der Fahrgeschwindigkeit V werden in Klassen mit dem Intervall ΔV eingeteilt. Die relative Häufigkeit jeder Klasse ist durch Abzählen zu ermitteln (Abb. 6). Denkt man sich die Teilung in die Intervalle ΔV verfeinert ($\Delta V \longrightarrow 0$) und den Maßstab für die relativen Häufigkeiten $h(V)$ derart vergrößert, daß stets ihre Summe 1 bleibt, dann geht die treppenförmige *Häufigkeitslinie* in die stetige *Dichte-Verteilung* $f(V)$ über. Es ist

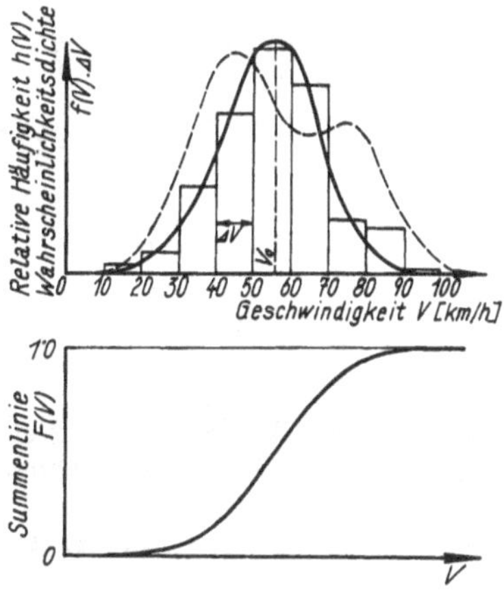

Abb. 6. Häufigkeitslinie, Dichtefunktion und Summenfunktion der Geschwindigkeitsverteilung.

$$\left.\begin{aligned} h(V) &= f(V) \cdot \Delta V \\ \sum_i h_i(V) &= \int_0^\infty f(V)\,\mathrm{d}V = 1 \end{aligned}\right\}. \tag{11}$$

Die Wahrscheinlichkeit, daß ein Fahrzeug eine Geschwindigkeit des Intervalles $(V, V + \Delta V)$ aufweist, ist

$$P(V, V + \Delta V) \doteq f(V) \cdot \Delta V\,. \tag{12}$$

Insbesondere ist die Wahrscheinlichkeit $F(V)$ des Intervalles $(0, V)$

$$F(V) = \int_{-\infty}^{V} f(V)\,\mathrm{d}V\,. \tag{13}$$

Sie ist die Summenfunktion der Wahrscheinlichkeitsdichte $f(V)$.

Beobachtete Geschwindigkeitsverteilungen zeigen bei entsprechender Verkehrsmischung die Gestalt einer Normalverteilung

$$f(V) = \frac{1}{\sigma(V) \cdot \sqrt{2\pi}} \cdot e^{-\frac{(V-V_0)^2}{2\sigma^2(V)}}, \tag{14}$$

wobei folgende Definitionen gelten

$$\left.\begin{aligned} V_0 &= \int_{-\infty}^{+\infty} V f(V)\,dV \\ \sigma^2(V) &= \int_{-\infty}^{+\infty} (V - V_0)^2 f(V)\,dV \end{aligned}\right\}. \tag{15}$$

Ihr Mittelwert V_0 hängt von den Ausbauverhältnissen der Straße und von der Verkehrsmenge M sowie von den Fahrzeugarten ab. Die mittlere Fahrgeschwindigkeit V_0 ist auf der freien Strecke stets kleiner als die Ausbaugeschwindig-

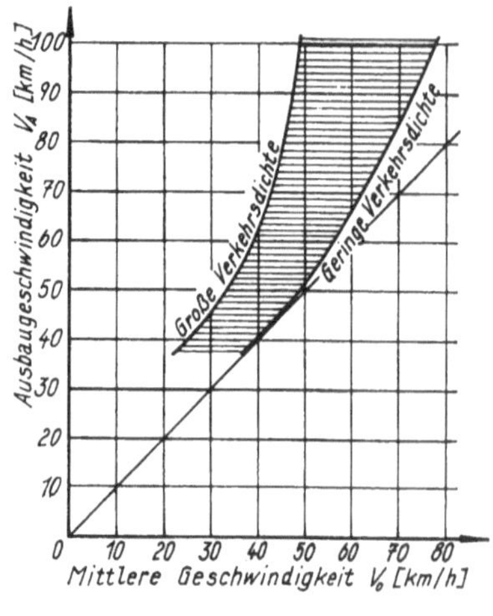

Abb. 7. Ausbaugeschwindigkeit und mittlere Fahrgeschwindigkeit bei geringer (a) und hoher (b) Verkehrsdichte (nach amerikanischen Beobachtungen).

keit*) V_A (Abb. 7). Die Streuung $\sigma^2(V)$ der Fahrgeschwindigkeit wie auch der Mittelwert V_0 sind unbekannt. Als Ersatz für die theoretischen Werte können Beobachtungswerte verwendet werden.

Abweichungen beobachteter Verteilungen von der Normalverteilung können entstehen, wenn z. B. in einem Verkehrsstrom zwei sehr unterschiedliche Fahrzeugarten zahlenmäßig überwiegen. Dies hat schiefe oder zweigipflige Verteilungen zur Folge (in Abb. 6 strichliert).

3. Die Exponentialverteilung der Zeitlücken

Es wird vorausgesetzt, daß sich die Fahrzeuge eines Verkehrsstromes einer ein- oder mehrspurigen Fahrbahn gegenseitig nicht beeinflussen (ungestörter Fahrzeugstrom). Demzufolge ist die Wahrscheinlichkeit, daß in einem Meßquerschnitt nach einem Fahrzeug ein zeitlicher Abstand (Zeitlücke) bis zum Passieren des folgenden Fahrzeuges von der Größe $\mathrm{d}t$ eintritt, proportional dieser Zeitlücke $\mathrm{d}t$. Ferner ist sie, wenn $\mathrm{d}t$ hinreichend klein gewählt wird, auch der durchschnittlichen Zahl m der je Zeiteinheit passierenden Fahrzeuge proportional. Dabei ist

$$m = \frac{M}{3600}. \tag{16}$$

Die stündliche Verkehrsmenge M wird als gleichbleibend vorausgesetzt.

Die Wahrscheinlichkeit $P(t, t + \mathrm{d}t)$ für eine Zeitlücke zwischen den Grenzen $(t, t + \mathrm{d}t)$ kann durch die Dichtefunktion $f(t)$ der Zeitlücken dargestellt werden

$$P(t, t + \mathrm{d}t) = f(t) \cdot \mathrm{d}t. \tag{17}$$

Damit dieses Ereignis eintritt, darf in der Zeit von 0 bis t kein Fahrzeug eintreffen, und außerdem muß in dem an t anschließenden Intervall $\mathrm{d}t$ genau 1 Fahrzeug eintreffen. Die Wahrscheinlichkeit dafür ist

*) Diese ist die größte sichere Geschwindigkeit eines Einzelfahrzeuges auf einem Straßenabschnitt, ohne Behinderung durch den übrigen Verkehr.

$$P(t, t + \mathrm{d}t) = \left(1 - \int_{\tau=0}^{t} f(\tau)\, \mathrm{d}\tau\right) \cdot m\, \mathrm{d}t\,. \tag{18}$$

Der Vergleich von (17) mit (18) ergibt

$$f(t) = m\left(1 - \int_{\tau=0}^{t} f(\tau)\, \mathrm{d}\tau\right). \tag{19}$$

Die Lösung dieser Integralgleichung mit der Bedingung

$$\int_{\tau=0}^{\infty} f(\tau)\, \mathrm{d}\tau = 1 \tag{20}$$

ist die Dichtefunktion $f(t)$ des stetigen Merkmals t

$$f(t) = m\, e^{-m t} \tag{21}$$

mit dem Erwartungswert (Mittelwert)

$$E(t) = \frac{1}{m} \tag{22}$$

und mit der Streuung in bezug auf den Mittelwert

$$\sigma^2(t) = \frac{1}{m^2}\,. \tag{23}$$

Die Wahrscheinlichkeit einer Zeitlücke, die mindestens so groß wie t oder größer ist, ist die Summenfunktion $F(\geqq t)$ der Zeitlückenverteilung (Abb. 9)

$$F(\geqq t) = \int_{\tau=t}^{\infty} f(\tau)\, \mathrm{d}\tau = e^{-m t}\,. \tag{24}$$

4. Das Poissonsche Gesetz

Die aufeinanderfolgenden, zufallsbedingten Zeitabstände der Fahrzeuge eines ungestörten Stromes in einem Querschnitt, gemessen von einem beliebigen Zeitpunkt an, werden registriert (Abb. 8). Die Dichtefunktion für das Eintreffen von x Fahrzeugen während der vorgegebenen Zeit-

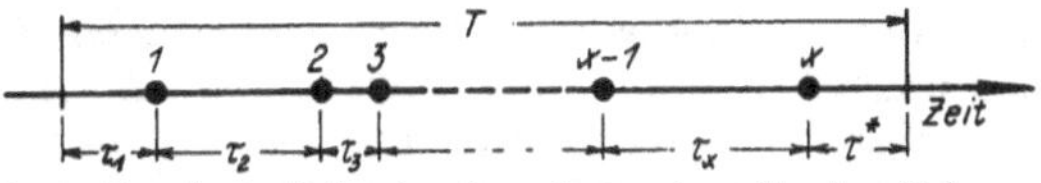

Abb. 8. Zeitabstand der in einer Spur eintreffenden Fahrzeuge.

spanne T mit den aufeinanderfolgenden Abständen $\tau_1, \tau_2, \ldots, \tau_x, \tau^*$ ist, da alle diese Merkmale unabhängig sind,

$$\varphi(\tau_1, \tau_2, \ldots, \tau_x, \tau^*) = f(\tau_1) \cdot f(\tau_2) \ldots f(\tau_x) \cdot F(\geqq \tau^*) . \quad (25)$$

Ist lediglich nach dem Merkmal x gefragt, ohne Rücksicht auf die Zwischenabstände, wobei aber $T = \tau_1 + \ldots + \tau_x + \tau^*$, so bildet man die Randverteilung von (25). Man erhält mit (21) und (24)

$$P_x(m, T) = \int_{T = \tau_1 + \ldots + \tau_x + \tau^*} \ldots \int \varphi(\tau_1, \tau_2, \ldots, \tau_x, \tau^*) \, d\tau_1 \cdot d\tau_2 \ldots d\tau_x =$$

$$= \frac{(m\,T)^x}{x!} e^{-m\,T} ; \quad x = 0, 1, 2, \ldots \infty \quad (26)$$

(*Poisson*sche Verteilung)

$P_x(m, T)$ gemäß (26) ist die Wahrscheinlichkeit dafür, daß während T gerade x Fahrzeuge eintreffen. Der Erwartungswert (Mittelwert) des diskreten Merkmals x ist

$$E(x) = m\,T \quad (27)$$

und die Streuung

$$\sigma^2(x) = m\,T . \quad (28)$$

Für den Sonderfall $x = 0$ geht die *Poisson*sche Formel (26) wegen

$$\underset{x=0}{P}(m, T) = e^{-m\,T} = F(\geqq t) \quad (29)$$

in die Summenfunktion der Zeitlückenverteilung über: Die *Poisson*sche Verteilung für das diskrete Merkmal der Fahrzeuganzahl und die Exponentialverteilung des stetigen

Merkmals der Zeitlücken sind daher verschiedene, gleichwertige Möglichkeiten, um die Zeitabstände eines ungestörten Fahrzeugstromes zu beschreiben. Sie sind durch den Parameter m charakterisiert. Dieser kann durch eine Fahrzeug-Querschnittzählung während einer genügend langen Zähldauer hinreichend genau festgestellt werden. Die Verkehrsmenge M darf sich während dieser Zähldauer nicht ändern.

5. Bildung von Fahrzeugkolonnen

Beobachtete Zeitlückenverteilungen weichen von der Exponentialverteilung im Bereich kleiner Zeitlücken ab. Während für kleine Verkehrsmengen die Übereinstimmung befriedigend ist, wächst die Abweichung (Störung) bei zunehmender Verkehrsmenge. Die wichtigste Ursache dafür ist, daß die Fahrzeuge einen kleinsten räumlichen Abstand, die virtuelle Wagenlänge d sowie einen kleinsten Zeitabstand a nicht unterschreiten können (Abb. 10); die einzelnen Fahrzeuge sind voneinander abhängig. Innerhalb des Verkehrsstromes bilden sich begrenzte Kolonnen mit dem Fahrzeugabstand a. Die Fahrbahnbedingungen und die Verkehrszusammensetzung, besonders der Lastwagen-Anteil, sind von zusätzlichem Einfluß auf die Kolonnenbildung. Da das Aufschließen zu einer Kolonne stets leichter erfolgen kann als das Loslösen durch Überholen, hat die Verkehrsmenge die Tendenz, sich in Teilkolonnen aufzulösen.

Die Verkehrsmenge M besteht aus einem Anteil M^* von Fahrzeugen, die im zeitlichen Abstand a dem vorausfahrenden Fahrzeug folgen (gebundener Anteil), und aus einem Anteil M_0 von Fahrzeugen, die ihren zeitlichen Abstand $t > a$ freizügig wählen können (ungebundener Anteil). Es gilt

$$M = M_0 + M^* . \tag{30}$$

Die ersten Fahrzeuge einer Teilkolonne sind dem ungebundenen Anteil zuzurechnen. Insgesamt bilden $M_K - M^*$ Fahrzeuge die Spitze von Kolonnen, wenn M_K die Summe der in Kolonnen fahrenden Fahrzeuge ist. Die Wahrscheinlichkeit K_n, daß ein beliebiges Fahrzeug die Spitze einer Kolonne mit n Fahrzeugen ist, sei bekannt.

Aus den Beziehungen

$$\left.\begin{aligned} M_K &= M \sum_{n=2}^{\infty} n\, K_n \\ M^* &= M \sum_{n=2}^{\infty} (n-1)\, K_n \end{aligned}\right| \qquad (31)$$

läßt sich ein Zusammenhang zwischen M_K und M^* gewinnen. Die Wahrscheinlichkeiten K_n der Teilkolonnen werden von der Verkehrsmenge M beeinflußt.

6. Zeitlückenverteilungen gestörter Ströme

Die Personenwagen eines Verkehrsstromes einer einzelnen Fahrspur sollen der Einschränkung unterliegen, daß ihre Zeitabstände $t \geqq a$ sein müssen, sonst aber zufällig sind.

Das einzige diskrete Merkmal $t = a$ besitzt die Wahrscheinlichkeit p, wobei

$$p = \frac{M^*}{M} \,. \qquad (32)$$

Für das stetige Merkmal $t > a$ existiert eine Dichtefunktion $f(t)$, die der Bedingung genügt

$$\int_{t=a}^{\infty} f(t)\, \mathrm{d}t = 1 - p \,. \qquad (33)$$

Die Dichtefunktion hat analog (18) und (21) die Form

$$f(t) = m_0 (1-p)\, e^{-m_0 (t-a)} \,, \qquad (34)$$

wobei m_0 die aus dem ungebundenen Verkehrsanteil M_0 gebildete, *scheinbare* ungebundene Fahrzeugmenge je Zeiteinheit darstellt. Sie ist so zu bestimmen, daß der mittlere Zeitabstand $E(t)$ des gestörten Stromes ebenso groß ist wie derjenige eines ungestörten Stromes von gleicher Verkehrsmenge M,

$$E(t) = p\,a + \int_a^\infty t\,f(t)\,\mathrm{d}t = a + \frac{1-p}{m_0} = \frac{1}{m}\,. \tag{35}$$

Der Parameter m_0 ist daher

$$m_0 = m\,\frac{1-p}{1-a\,m} = \frac{M_0}{3600 - Ma}\,. \tag{36}$$

Die Streuung der Zeitlücken in bezug auf den Erwartungswert $E(t)$ ist

$$\sigma^2(t) = \int_{t=a}^\infty (t-a)^2 f(t)\,\mathrm{d}t - [E(t) - a]^2 = \frac{1+p}{1-p} \cdot \frac{(1-a\,m)^2}{m^2}\,. \tag{37}$$

Im Grenzfall der geschlossenen Kolonne ($Ma = 3600$) wird

$$E(t) = a\,, \quad \sigma^2(t) = 0\,.$$

Die Wahrscheinlichkeit, daß nach einem Personenwagen die Zeitlücke t folgt, wird durch die Summenfunktion $F(t)$ beschrieben (Abb. 9),

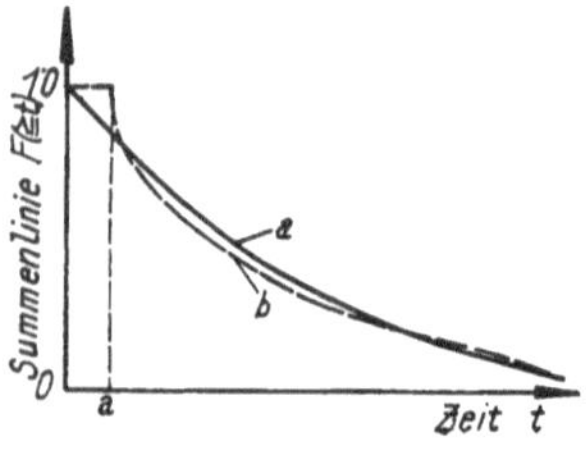

Abb. 9. Summenfunktion der Zeitlückenverteilung eines ungestörten (a) und gestörten (b) Stromes.

$$\left.\begin{array}{ll} F(>t) = \int\limits_{\tau=t}^{\infty} f(t)\,\mathrm{d}t = (1-p)\,e^{-m_0(t-a)} & t > a \\ F(t=a) = p & t = a \\ F(t<a) = 0 & t < a \end{array}\right\} \quad (38)$$

7. Die Binomialverteilung

Die Wahrscheinlichkeit, daß x Personenwagen eines gestörten Stromes während der Zeit T eintreffen, hängt davon ab, ob T beliebig gewählt wird oder im Anschluß an das Passieren eines Personenwagens. Die Verkehrsanteile M_0 und M^* sowie die Wahrscheinlichkeit der Teilkolonnen K_n müssen bekannt sein.

Eine *Näherungs-Verteilung* für das Merkmal x erhält man, wenn man das Intervall $T = na$ in n gleiche Teilintervalle von der Größe des kleinsten Fahrzeugabstandes a unterteilt und näherungsweise annimmt, daß das Eintreffen eines Personenwagens während eines jeden der n aufeinanderfolgenden Intervalle stets mit der gleichen Wahrscheinlichkeit q erfolgt (unabhängige Ereignisse), so daß

$$q = m\,a = \frac{M}{3600}\,a\,. \quad (39)$$

Die Wahrscheinlichkeit $B_x(n, a)$ des Merkmales x, dessen Eintreffen auf insgesamt $\binom{n}{x}$ verschiedenen Möglichkeiten erfolgen kann, ist

$$B_x(n, a) = \binom{n}{x} q^x (1-q)^{n-x}\,; \qquad x = 0, 1, \ldots, n \quad (40)$$

(Binomial-Verteilung)

mit dem Mittelwert

$$E(x) = n\,q \quad (41)$$

und der Streuung

$$\sigma^2(x) = n\,q\,(1-q)\,. \quad (42)$$

Die Binomial-Verteilung liefert für gestörte und ungestörte Ströme um so genauere Näherungswerte, je kleiner die Verkehrsmenge M und je größer die Zahl n der Teilintervalle von T ist. Im Grenzfall des ungestörten Stromes wird $a = 0$, $q = 0$, $n = \infty$, wobei $T = n \cdot a$ und $m = q/a$ festgehalten werden, und die Binomialverteilung geht asymptotisch in die *Poisson*sche Verteilung über,

$$\lim_{\substack{a \to 0 \\ n \to \infty}} B_x(n, a) = P_x(m, T) . \qquad (43)$$

III. Begriffe der Leistungsfähigkeit

Die Leistungsfähigkeit von Anlagen für den fließenden individuellen Straßenverkehr (Straßen, Spuren, Knoten u. a.) ist die größte Verkehrsmenge, die während einer Zeiteinheit von ihnen unter bestimmten Umständen aufgenommen werden kann. Auf ihre Größe sind von Einfluß:

1. die Fahrbahnbedingungen, und zwar die Beschaffenheit (Griffigkeit, Ebenheit usw.) der Fahrbahndecke, die Fahrspurbreite und Spurenanzahl, die Sichtverhältnisse, die Neigungs- und Krümmungsverhältnisse;

2. die Verkehrsbedingungen, und zwar die Verkehrszusammensetzung, die Fahrgeschwindigkeiten, die Überholmöglichkeiten, die Fahrzeugabstände.

Die Werte der Leistungsfähigkeit werden für drei kritische Verkehrszustände definiert:

a) *Die ideelle Leistungsfähigkeit.*

Sie ist die größtmögliche Verkehrsmenge, die in einer Stunde einen Querschnitt passieren kann, wenn die Fahrbahn- und Verkehrsbedingungen ausgezeichnet sind.

b) *Die mögliche Leistungsfähigkeit.*

Sie ist die größtmögliche Verkehrsmenge, die in einer Stunde einen Querschnitt einer Anlage mit bestimmten Fahrbahnbedingungen passieren kann, wenn die günstigsten Verkehrsbedingungen vorhanden sind.

c) *Die praktische (Entwurfs-)Leistungsfähigkeit.*

Sie ist jene Verkehrsmenge, die in einer Stunde einen Querschnitt unter den vorhandenen Fahrbahnbedingungen passieren kann, wenn die Verkehrsbedingungen für die Verkehrsteilnehmer noch keine übermäßige Behinderung in der freizügigen Wahl ihrer Fahrweise bedeuten.

Die Größe der ideellen Leistungsfähigkeit stellt eine oberste Grenze dar, die selten von bestehenden Anlagen erreicht werden kann. Hingegen kann die Verkehrsbelastung einer Anlage in unvorhergesehenen, seltenen Fällen bis zur Größe ihrer möglichen Leistungsfähigkeit ansteigen; dabei treten bereits unangenehme Verkehrszustände ein: Beeinträchtigung der freizügigen Fahrweise, Stauungen, große Zeitverluste usw. Die fallweise festzulegende maßgebende Verkehrsmenge, die die Bemessungsgrundlage des Entwurfs bildet, soll daher die praktische Leistungsfähigkeit nicht übersteigen. Das Kriterium für die praktische Leistungsfähigkeit ist entsprechend den gegebenen Umständen teilweise aus der Erfahrung zu wählen.

Die *Leistungs-Reserve* einer Anlage oder die *Sättigung* wird festgestellt

1. als die mögliche, relative Verkehrszunahme hinsichtlich der möglichen Leistungsfähigkeit, bezogen auf die vorhandene Spitzenbelastung;

2. als die mögliche, relative Zunahme der maßgebenden Verkehrsmenge hinsichtlich der praktischen Leistungsfähigkeit, bezogen auf die vorhandene, maßgebende Verkehrsbelastung.

IV. Die freie Strecke

1. Der Verkehrsablauf

Freie Strecken sind Fahrspuren- oder Straßenabschnitte zwischen weit auseinanderliegenden Knotenpunkten. Der Verkehrsablauf auf ihnen wird durch Überholvorgänge der Fahrzeuge maßgebend beeinflußt, die durch eine ungleichförmige Geschwindigkeits-Stromverteilung und Geschwindigkeitsmischung verursacht werden. Zwischen zwei Quer-

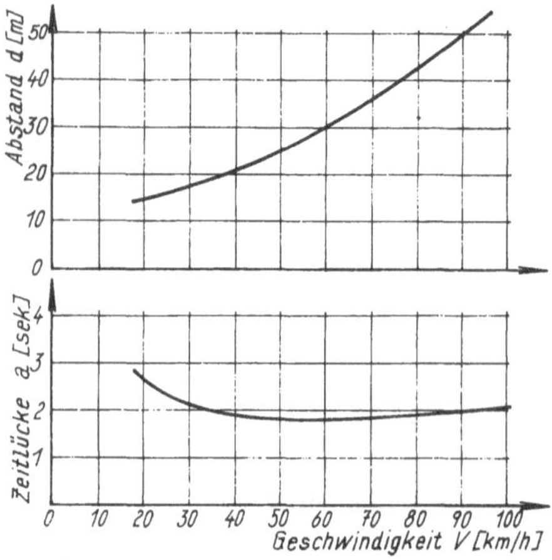

Abb. 10. Virtuelle Wagenlänge und kleinster Zeitabstand von Kolonnen auf der freien Strecke (nach Highway Capacity Manual).

schnitten eines Streckenabschnittes kann sich der Verkehrsstrom nur dadurch verdichten, daß nach der vorhergehenden Einmündung die Fahrzeuge mit größerer Geschwindigkeit diejenigen mit kleinerer Geschwindigkeit überholen. Das Überholen ist möglich, wenn gleichzeitig

a) das überholende Fahrzeug seine Fahrgeschwindigkeit entsprechend steigern kann,
b) dem überholten Fahrzeug ein ausreichender Abstand voranliegt,
c) der Verkehrsstrom der zum Überholen benützten Fahrspur eine genügend große Zeitlücke bietet.

Die Überholmöglichkeiten sind daher abhängig von

a) den Fahrbahn- und Verkehrsbedingungen, die die Fahrgeschwindigkeit beeinflussen,
b) der Verkehrsmenge und den Fahrzeugabständen,
c) der Verkehrsmenge und den Fahrzeugabständen auf der Überholspur und deren Fahrtrichtung.

Der Überholvorgang

Ein Fahrzeug B, das ein Fahrzeug A, welches mit gleichbleibender Geschwindigkeit V_0 fährt, überholt, nähert sich zunächst jenem bis auf den zeitlichen Mindesabstand a. Sodann wechselt es die Fahrspur und erhöht seine Fahrgeschwindigkeit, bis es dem Fahrzeug A um den zeitlichen Mindestabstand a vorausfährt, um nachher wieder in die ursprüngliche Fahrspur zurückzukehren (Abb. 11). Die

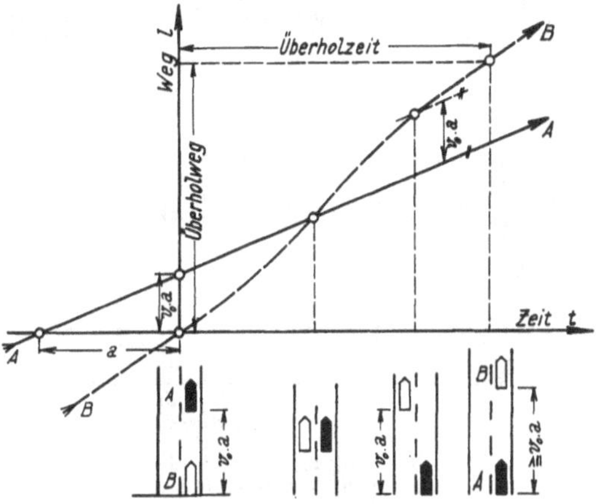

Abb. 11. Der Überholvorgang.

Überholzeit besteht aus der Beschleunigungszeit und der Spurwechselzeit. Der Überholweg besteht aus dem Beschleunigungsweg und aus einer Spurwechselweglänge, die mit der Fahrgeschwindigkeit zunimmt.

Ein überholendes Fahrzeug beschleunigt im allgemeinen mit seiner vollen, freien Motorzugkraft. Es gilt die Bewegungsgleichung gemäß (5)

$$\frac{dv}{z(V) - (w_0 \pm s + w_v)} = \varrho\, g\, dt\,. \qquad (44)$$

Ihre Lösung ist die Fahrgeschwindigkeit $v(t)$ als Funktion der Zeit. Den zurückgelegten Weg $l(t)$ erhält man sodann aus

$$l(t) = \int_{\tau=0}^{t} v(\tau)\, d\tau . \qquad (45)$$

2. Die ideelle Leistungsfähigkeit einer Fahrspur

Die größte Leistung einer Fahrspur entsteht bei Kolonnenfahrt mit der Fahrgeschwindigkeit V. Die ideelle Leistungsfähigkeit L_i (Abb. 12) beträgt entsprechend Abb. 10

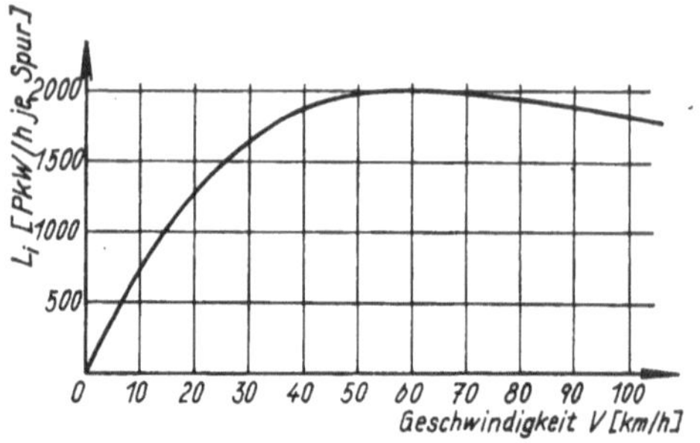

Abb. 12. Die ideelle Leistungsfähigkeit der freien Strecke (nach Highway Capacity Manual).

$$L_i(V) = \frac{3600}{d_{min}} V = \frac{3600}{a(V)} \text{ [Personenwagen/Stunde]} . \qquad (46)$$

Beobachtungen ergeben einen kleinsten zeitlichen Fahrzeugabstand in geschlossenen Kolonnen bei besonders günstigen Bedingungen und optimaler Fahrgeschwindigkeit $V_{opt.} = 50$ bis 60 km/h von $a_{min} = 1{,}8$ s; in Einzelfällen wurde $a_{min} = 1{,}5$ s erreicht. Die größte ideelle Spurleistungsfähigkeit beträgt damit rund

$$L_i = 2000 \text{ [Personenwagen/Stunde]} . \qquad (47)$$

3. Die mögliche Leistungsfähigkeit

Ein homogener Verkehrsstrom kann sich auf einer Fahrbahn einer freien Strecke unter den vorhandenen örtlichen Fahrbahnbedingungen in freiem Verkehrsfluß so weit verdichten, bis die mögliche Leistungsfähigkeit L_m erreicht ist. In diesem Verkehrszustand ist kein Überholen möglich, die Fahrzeugabstände schwanken innerhalb enger Grenzen und die Fahrgeschwindigkeiten aller Fahrzeuge sind nahezu gleich groß. Die mögliche Leistungsfähigkeit kann näherungsweise nach (46) berechnet werden, wenn der mittlere Zeitabstand $a(V_0)$, der eine Funktion der mittleren Fahrgeschwindigkeit V_0 des Stromes ist, bekannt ist.

a) Grundwerte der möglichen Leistungsfähigkeit

Unter ausgezeichneten Fahrbahnbedingungen erhält man die Grundwerte L_{gm} der möglichen Leistungsfähigkeit für verschiedene Straßentypen in Abhängigkeit von der mittleren Fahrgeschwindigkeit (Abb. 13).

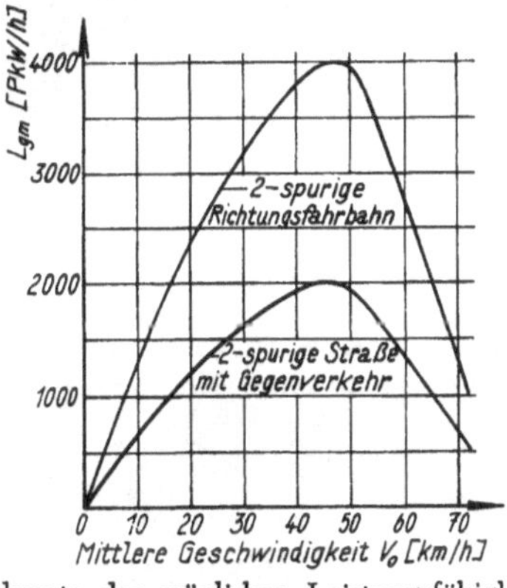

Abb. 13. Grundwerte der möglichen Leistungsfähigkeit der freien Strecke (nach Highway Capacity Manual).

Zwischen der Zahl der Fahrspuren einer Richtungsfahrbahn oder einer Straße mit Gegenverkehr und der Leistungsfähigkeit besteht kein proportionaler Zusammenhang. Mit wachsender mittlerer Geschwindigkeit wird durch die Geschwindigkeitsmischung die Leistungsfähigkeit zunehmend vermindert. Die günstigste Fahrgeschwindigkeit liegt zwischen 45 und 50 km/h.

b) Leistungsbestimmende Fahrbahneinflüsse

Alle Fahrbahnbedingungen, die von den optimalen abweichen, vermindern die Grundwerte der möglichen Leistungsfähigkeit. Die mögliche Leistungsfähigkeit wird für den gegebenen Einzelfall aus den Grundwerten durch Abminderung mit empirischen Faktoren μ_i ermittelt, von denen jeder einen bestimmten Einfluß zum Ausdruck bringt,

$$L_m = \mu_1 \cdot \mu_2 \ldots L_{gm} . \tag{48}$$

1. Die Ausbaugeschwindigkeit. Eine im Bogen mit dem Halbmesser R und der Querneigung $q = \text{tg}\,\beta$ gelegenen Fahrbahn, deren Längsneigung $s = \text{tg}\,\alpha$ ist, kann mit der Ausbaugeschwindigkeit

$$v_A = \frac{1}{3 \cdot 6} V_A$$

sicher befahren werden, wenn dabei der Fliehkraftüberschuß

$$Q \left(\frac{v_A^2}{g R} - q \right)$$

des Fahrzeuges mit dem Gesamtgewicht Q durch einen Teil $Q \cdot (\Delta f_2)$ der verfügbaren Reibung $Q \cdot f$ zwischen der

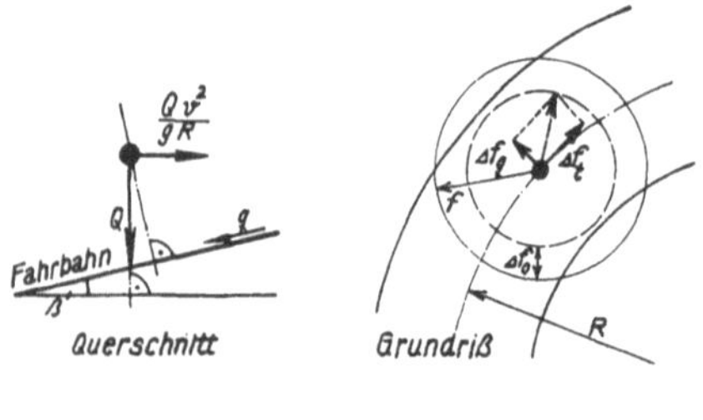

Abb. 14. Reibungsverhältnisse zwischen Triebrad und Fahrbahn in gekrümmter, geneigter Strecke.

Fahrbahn und den Rädern aufgenommen wird. Die Ausbaugeschwindigkeit ist daher

$$v_A = \sqrt{g\,R\,(\Delta f_q + q)}\,, \quad g = 9{,}81\ \mathrm{m/sek^2}\,. \tag{49}$$

Es wird angenommen, daß der Gleitreibungskoeffizient f dadurch nur so weit beansprucht werden darf, daß eine ausreichende Reserve Δf_0 an allen Rädern verfügbar bleibt. Zur Überwindung der Längsneigung ist der Reibungsanteil $\Delta f_t = s/b$ erforderlich, wobei der Gewichtsanteil der angetriebenen Räder $b \cdot Q$ beträgt; es ist meist $b = 1/2$ bis $2/3$. Zufolge der geometrischen Addition (Abb. 14) verbleibt zur Aufnahme des Fliehkraftüberschusses der Anteil

$$\Delta f_q = \sqrt{(f - \Delta f_0)^2 - \left(\frac{s}{b}\right)^2}\,. \tag{50}$$

Die erforderliche Reserve Δf_0 muß um so höher sein, je größer die Ausbaugeschwindigkeit ist.

Der rechnerischen Ausbaugeschwindigkeit V_A entspricht bei großer Verkehrsdichte eine Durchschnittsgeschwindigkeit $V_0 = \alpha_1 \cdot V_A$ aller Fahrzeuge nach Abb. 7, die für die Leistungsfähigkeit entsprechend Abb. 13 maßgebend ist.

2. Die Steigungsverhältnisse. Die von einem Kraftfahrzeug erreichbare Höchstgeschwindigkeit V_{max} hängt gemäß Abb. 5 von der spezifischen Motorleistung sowie vom Grund-, Luft- und Neigungswiderstand ab. Wenn $V_{max} < V_0$, dann behindert das Fahrzeug den übrigen Verkehr und beeinträchtigt die Leistungsfähigkeit. Auf Steigungsstrecken vermindern daher besonders Lastkraftwagen wegen der geringen spezifischen Motorleistung die Leistungsfähigkeit. Für die Umrechnung von Lastkraftwagen in Personenwageneinheiten werden daher die Faktoren von Tab. 1 mit dem Koeffizienten n vervielfacht, der mit der Neigung s zunimmt (Tab. 2)*). Auf Neigungs- und Gefällsstrecken wird das Überholen erschwert, besonders

*) Nach Highway Capacity Manual.

von langen Fahrzeugen und Lastwagenzügen. Dieser Einfluß auf die Leistungsfähigkeit ist um so größer, je länger die Steigungsstrecke ist.

Tabelle 2.

Länge [km]	Faktor n für eine zweispurige Straße mit der Längsneigung $s =$			vierspurige		
	3 %	5 %	7 %	3 %	5 %	7 %
0,2	2,0	2,1	2,3	1,6	1,7	1,8
0,4	2,1	2,3	2,6	1,7	1,9	2,1
0,6	2,2	2,5	2,8	1,8	2,0	2,3
0,8	2,2	2,6	3,1	1,8	2,1	2,5
1,0	2,3	2,8	3,3	1,8	2,2	2,7
2,0	2,4	3,1	3,8	1,9	2,5	3,0
3,0	2,5	3,3	4,0	2,0	2,6	3,2

Ist die Steigung so groß, daß $V_{\max} < V_A$ für den Durchschnitt der Personenwagen ist, dann ist der Grundwert L_{gm} der Leistungsfähigkeit mit $V_{\max}$ anstatt mit V_A in gleicher Weise zu bestimmen.

3. Die Fahrbahnoberfläche. Die Reibungsverhältnisse zwischen Rad und Fahrbahn hängen von der Art und dem Zustand der Decke und des Radreifens sowie von der Witterung ab. Sie beeinflussen die Fahrgeschwindigkeit in Kurven gemäß (49) und erschweren das Überholen.

4. Die Fahrbahnbreite und seitliche Hindernisse. Die Fahrspur- und Fahrbahnbreite zusammen mit dem Abstand einseitiger oder beidseitiger fester oder beweglicher Hindernisse (z. B. Randsteine, Bäume, parkende Fahrzeuge, Radfahrer, Fußgänger) beeinflussen die Fahrgeschwindigkeit, die Fahrzeugabstände sowie die Überholmöglichkeiten, somit die Leistungsfähigkeit. Als gün-

stigste Fahrspurbreite für gerade, freie Strecken gilt $B_1 = 3{,}50$ bis 3,75 m. Kleinere Fahrspurbreiten mindern die Leistungsfähigkeit mit dem Faktor μ_1*).

Tabelle 3.

Breite [m]	Faktor μ_1 für eine zweispurige Straße mit Gegenverkehr			zweispurige Richtungsfahrbahn		
	einseitige/beidseitige seitliche Hindernisse im Abstand von [m]					
	0	1,00	1,80	0	1,00	1,80
4	0,60	0,64	0,67	0	0	0
	0,54	0,62	0,67	0	0	0
5	0,64	0,69	0,73	0,65	0,70	0,72
	0,57	0,67	0,73	0,58	0,65	0,67
6	0,72	0,77	0,82	0,82	0,89	0,91
	0,62	0,74	0,82	0,74	0,88	0,91
7	0,84	0,90	0,96	0,89	0,96	0,98
	0,73	0,87	0,96	0,81	0,96	0,98
8	1,20	1,32	1,60	0,94	1,00	1,03
	1,00	1,22	1,55	0,84	0,98	1,03

Breite [m]	Faktor μ_1 für eine 4-spurige Straße mit Gegenverkehr bei beidseitigen Hindernissen im seitlichen Abstand von je [m]		
	0	1,00	1,80
12	0,82	0,86	0,87
13	0,88	0,91	0,92
14	0,91	0,95	0,96
15	0,93	0,97	0,98

*) Nach amerikanischen Beobachtungen.

5. Die Sichtweite. Eingeschränkte Sichtweiten verringern die Überholmöglichkeiten und mindern die Leistungsfähigkeit. Je größer die Fahrgeschwindigkeit ist, um so länger ist der Überholweg und die erforderliche Sichtweite, besonders bei Fahrbahnen mit Gegenverkehr. Die Grundwerte L_{gm} der möglichen Leistungsfähigkeit werden durch den Faktor μ_2 verkleinert (Abb. 15).

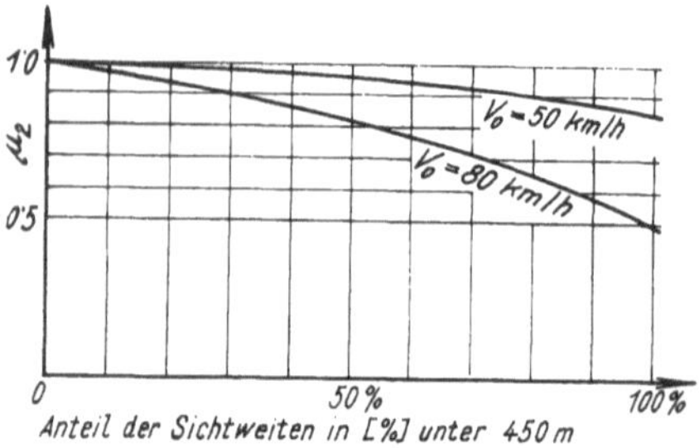

Abb. 15. Abminderungskoeffizient der Leistungsfähigkeit bei eingeschränkter Sichtdistanz für eine 2-spurige Straße mit Gegenverkehr (nach Highway Capacity Manual).

4. Die praktische Leistungsfähigkeit

Der Verkehrszustand, bei dem die Verkehrsmenge der praktischen Leistungsfähigkeit entspricht, ist durch den relativen Anteil jener Fahrzeuge gekennzeichnet, die ihre Fahrgeschwindigkeit nicht freizügig wählen können. Es müssen noch Überholmöglichkeiten bestehen.

Die praktische Leistungsfähigkeit L_{pr} kann man näherungsweise ermitteln, indem man die mögliche mit einem Faktor vermindert, der entsprechend den örtlichen Verhältnissen zu wählen ist. Dieser liegt im allgemeinen zwischen 0,5 und 0,7.

Richtwerte für durchschnittlich gute Fahrbahnbedingungen sind

L_{pr} = 900 Personenwagen ... 2-spurige Landstraße mit Gegenverkehr, unabhängig von dem Verhältnis der beiden Richtungsanteile,

$L_{pr} = 2000$ Personenwagen ... 2-spurige Richtungsfahrbahn einer Autobahn.

5. Die empirische Methode nach Pampel

Die Geschwindigkeitsmischung in einem Straßenquerschnitt wird von der Verkehrsmenge beeinflußt. Der Mittelwert V_0 der Geschwindigkeitsverteilung nähert sich mit wachsender Verkehrsmenge einem Grenzwert V^* und die Streuung $\sigma^2(V)$ strebt gegen Null. Im Grenzfall $\sigma^2(V) = 0$ herrscht Kolonnenfahrt und die Verkehrsmenge entspricht der möglichen Leistungsfähigkeit L_m (Abb. 16),

$$\left.\begin{aligned} \lim_{M \to L_m} V_0 &= V^* \\ \lim_{M \to L_m} \sigma^2(v) &= 0 \\ f(V^*) &= \infty \end{aligned}\right\} \qquad (51)$$

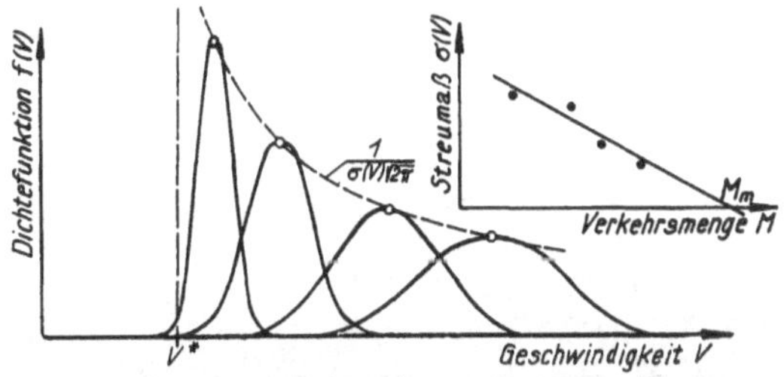

Abb. 16. Geschwindigkeitsverteilungen und Geschwindigkeitsstreuung bei verschiedenen Verkehrsmengen.

Durch Geschwindigkeitsmessungen bei einigen verschieden großen Verkehrsmengen wird die funktionale Abhängigkeit der Streuung $\sigma^2(V)$ von der Verkehrsmenge M empirisch ermittelt und bis $\sigma^2(V) = 0$ extrapoliert, um den Wert der möglichen Leistungsfähigkeit zu erhalten.

6. Die maßgebende Verkehrsmenge

a) Häufigkeits- und Dauerlinien des Tagesverkehrs

Aus einer beobachteten Tagesganglinie der Verkehrsmenge wird die *Häufigkeitslinie* abgeleitet. Sie gibt die Zahl der Stunden an, während denen die Verkehrsmenge innerhalb zweier Grenzen liegt, deren Unterschied konstant gewählt wird. Die Häufigkeitslinie enthält die zeitliche Aufeinanderfolge der verschieden großen Verkehrsmengen nicht mehr.

Durch Summieren der Häufigkeiten entsteht die *Dauerlinie.* Sie gibt die Zahl der Stunden an, während denen eine Verkehrsmenge, die zwischen zwei gewählten Grenzen liegt, erreicht oder überschritten wird.

Die Dauerlinien des Tagesverkehrs für verschieden große Verkehrsmengen zeigen für bestimmte Straßentypen große Ähnlichkeit. Die *relative* Dauerlinie kann daher für einen bestimmten Straßentyp als charakteristisch und praktisch unveränderlich betrachtet werden (Abb. 17). Sie ent-

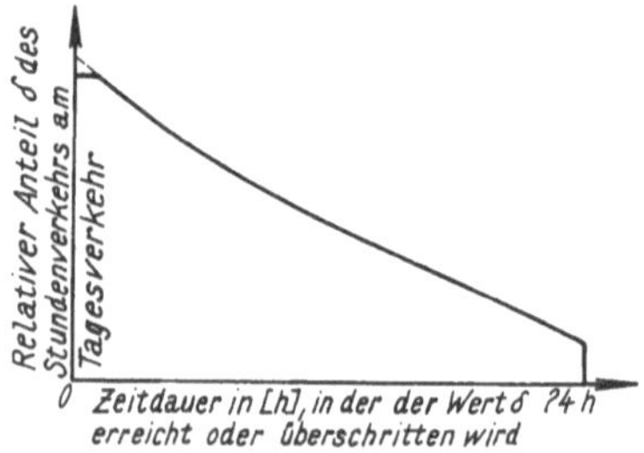

Abb. 17. Relative Dauerlinie der stündlichen Tagesverkehrsmenge.

steht, wenn die stündliche Verkehrsmenge M auf den gesamten Tagesverkehr M_{24} bezogen wird,

$$\delta_M = \frac{M}{M_{24}} . \tag{52}$$

b) Häufigkeits- und Dauerlinien des Jahres

Die Häufigkeitslinie (Abb. 18) und Dauerlinie (Abb. 19) können aus einer vollständigen Jahresganglinie der stünd-

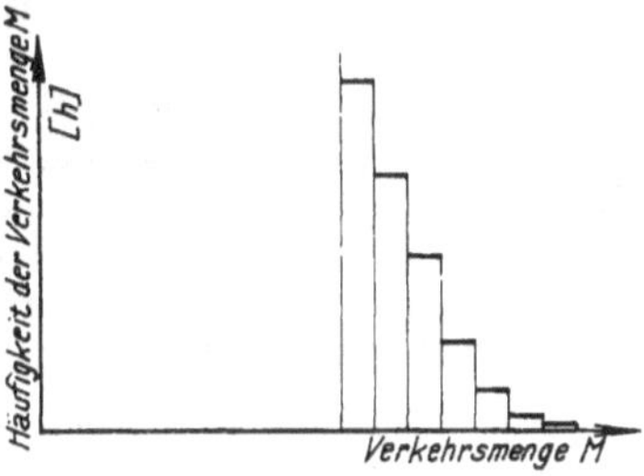

Abb. 18. Häufigkeitslinie der stündlichen Verkehrsmenge eines Jahres.

lichen Verkehrsmenge ermittelt werden. Die Dauerlinie fällt im Bereich kurzer Zeitspannen rasch von der Spitzenverkehrsmenge ab, um anschließend in einen nahezu gleichbleibenden Wert überzugehen. Jene Verkehrsmenge, bei

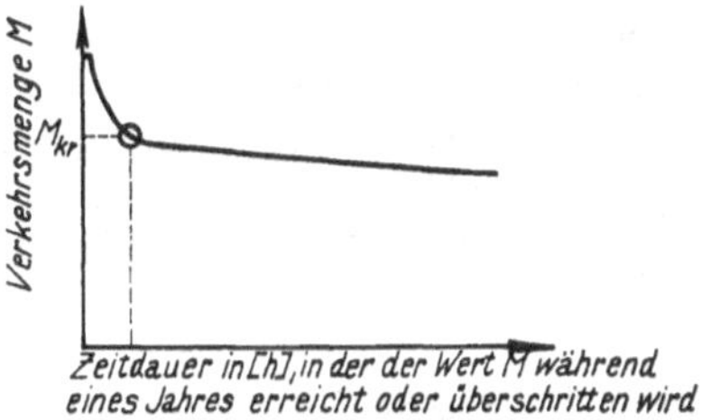

Abb. 19. Dauerlinie der stündlichen Verkehrsmenge eines Jahres.

der die Dauerlinie ihren Scheitel aufweist, wird als die kritische oder die *maßgebende Verkehrsmenge* M_{kr} festgelegt. Beobachtungen zeigen, daß sie jene Verkehrsmenge darstellt, die meist etwa 30 bis 100 Stunden im Jahr erreicht oder überschritten wird.

Der maßgebende Bereich der Dauerlinie kann näherungsweise aus kurzzeitigen Stichprobenzählungen der Verkehrsmenge an den am stärksten belasteten Tagen mit Hilfe der relativen Häufigkeitslinie berechnet werden. Aus den Stichproben schließt man mit Hilfe bekannter Faktoren (vgl. I/5/b) auf die Tagesverkehrsmenge M_{24}, aus der man mit den Koeffizienten δ_M die Verkehrsmenge M bestimmt,

$$M = \delta_M \cdot M_{24}\,. \tag{53}$$

c) Das Kriterium für die maßgebende Verkehrsmenge

Der Vergleich der vorhandenen Verkehrsbelastung erfolgt mit der möglichen und praktischen Leistungsfähigkeit.

1. Die größte Verkehrsmenge M_{max}, die während einer Stunde des Jahres auftritt, soll die mögliche Leistungsfähigkeit L_m nicht übersteigen.

2. Die maßgebende Verkehrsmenge M_{kr} soll die praktische Leistungsfähigkeit L_{pr} nicht übersteigen.

Die Reserven an Leistungsfähigkeit und die zulässige Verkehrszunahme wird daher hinsichtlich des Spitzenverkehrs auf die mögliche und hinsichtlich des maßgebenden Verkehrs auf die praktische Leistungsfähigkeit bezogen.

V. Knoten ohne Signalregelung

1. Die elementaren Verkehrsvorgänge

An Knoten, die nicht durch Lichtsignale geregelt sind, können die Fahrzeuge eines Verkehrsstromes in bezug auf einen anderen Verkehrsstrom vier elementare, relative Bewegungen ausführen (Abb. 20):

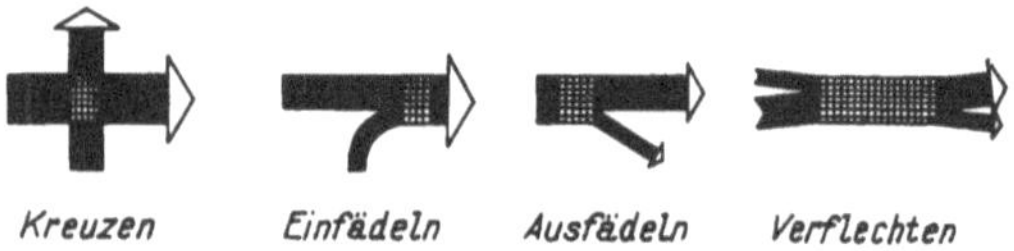

Abb. 20. Elementare Verkehrsvorgänge.

Kreuzen
Einfädeln
Ausfädeln
Verflechten

a) Kreuzen

Ein Fahrzeug mit der Länge L_0, das mit der gleichförmigen Anfahrbeschleunigung p_a aus dem Stand in einer kreuzenden Spur mit der Breite B_N anfährt, um eine Fahrbahn eines anderen Stromes mit der Breite B_M unter dem Winkel α zu überqueren, benötigt zum Überfahren der Strecke L (Abb. 21)

$$L = L_0 + \frac{B_N}{\tan\alpha} + \frac{B_M}{\sin\alpha} \tag{54}$$

die Zeit

$$\tau_1 = \sqrt{\frac{2L}{p_a}} . \tag{55}$$

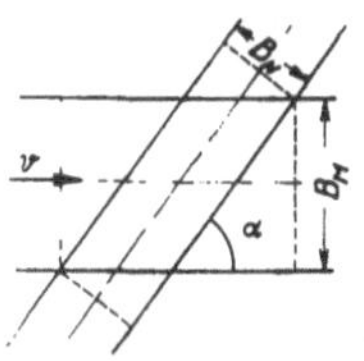

Abb. 21. Kreuzen einer Fahrbahn.

Fahren hintereinander gleichzeitig n Fahrzeuge einer wartenden Kolonne an, so benötigt jedes weitere Fahrzeug noch zusätzlich die Zeit b, so daß der Kreuzungsbereich während der Zeit τ_n belegt ist,

$$\tau_n = \sqrt{\frac{2L}{p_a}} + (n-1)\,b . \tag{56}$$

Nach dem Passieren eines Fahrzeuges auf der gekreuzten Fahrbahn ist die Reaktionszeit τ_r erforderlich, bis der Beschleunigungsvorgang des ersten kreuzenden Fahrzeuges beginnt. Der Kreuzungsbereich muß bereits überquert sein, wenn das nächste herannahende Fahrzeug noch mindestens einen zeitlichen Abstand a_0 vom kreuzenden Fahrzeug hat (Abb. 22).

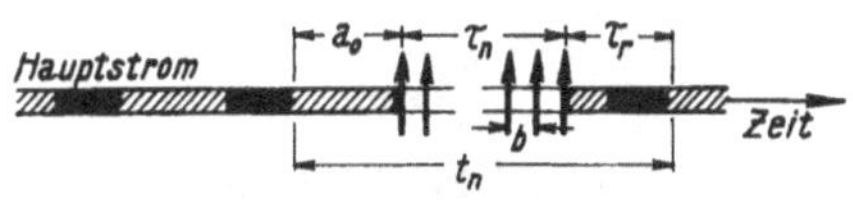

Abb. 22. Zeitabstände beim Kreuzen.

Insgesamt können hintereinander n Fahrzeuge kreuzen, wenn in einem gekreuzten einbahnigen Strom eine Zeitlücke $\geqq t_n^{(1)}$ vorhanden ist, wobei

$$t_n^{(1)} = \tau_n + \tau_r + a_0 = \sqrt{\frac{2}{p_a}\left(L_0 + \frac{B_N}{\tan\alpha} + \frac{B_M}{\sin\alpha}\right)} + (n-1)\,b + \tau_r + a_0\,, \tag{57}$$

oder wenn in einem gekreuzten zweibahnigen Verkehrsstrom in jedem der beiden Ströme gleichzeitig eine Lücke $\geqq t_n^{(2)}$ vorhanden ist, wobei annähernd

$$t_n^{(2)} = t_n^{(1)}\,. \tag{58}$$

Durchschnittswerte für Personenwagen sind:

$L_0 = 4{,}0$ bis 5,0 m
$B_N = 2{,}75$ bis 3,5 m
$p_a = 0{,}8$ bis 1,2 m/s für eine waagrechte Fahrbahn
$b = 1{,}8$ bis 2,5 s
$\tau_r = 0{,}5$ bis 1,0 s
$a_0 = 0$ bis 2 s.

b) Einfädeln

Das Einfädeln einer Kolonne von n wartenden Fahrzeugen eines Nebenstromes in einen Hauptstrom, der die Vorfahrt besitzt (Abb. 23) und der sich mit der mittleren Geschwindigkeit v bewegt, erfordert so große Zwischenlücken im Hauptstrom, daß die einfädelnden Fahrzeuge ihre Geschwindigkeit bis zur Größe v steigern können. Nach dem Einordnen erfolgt das Beschleunigen auf der Wegstrecke

$$L = \frac{v^2}{2\,p_a} - L_0 \tag{59}$$

und erfordert die Zeit τ_1 zum Beschleunigen. Es ist näherungsweise

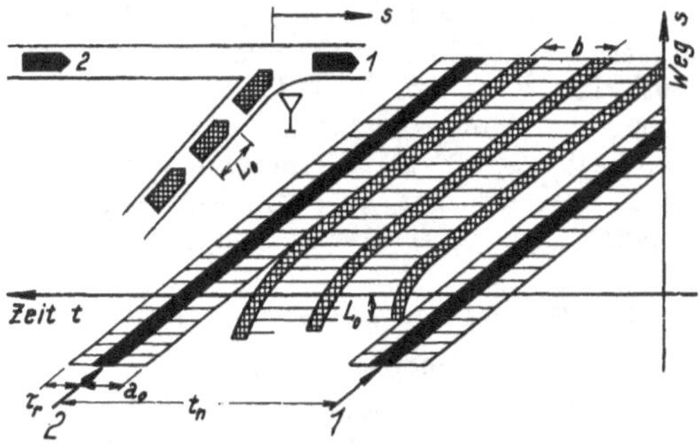

Abb. 23. Einfädeln eines Fahrzeuges in einen Hauptstrom.

$$\tau_1 = \frac{v}{p_a} - \sqrt{\frac{2\,L_0}{p_a}}\,. \tag{60}$$

Eine anfahrende Kolonne von n Fahrzeugen benötigt im Hauptstrom eine Zeitlücke $\geqq t_n$, wobei

$$t_n = \tau_1 + (n-1)\,b + \tau_r + a_0 =$$

$$= \frac{v}{p_a} - \sqrt{\frac{2\,L_0}{p_a}} + \tau_r + a_0 + (n-1)\,b\,. \tag{61}$$

c) Ausfädeln

Ein Fahrzeug kann zu jedem Zeitpunkt in eine abzweigende Fahrbahn aus einem Verkehrsstrom ausfädeln, wobei die Fahrgeschwindigkeit entsprechend den Anlageverhältnissen der abzweigenden Fahrbahn vermindert wird. Die Leistungsfähigkeit eines Abzweigungspunktes ist daher durch die abzweigende Fahrbahn bestimmt.

d) Verflechten

Zwei gleichgerichtete, gleichberechtigte Verkehrsströme von getrennten Fahrbahnen, die sich vereinigen und nach einer bestimmten Strecke wieder trennen, durchsetzen sich gegenseitig, indem alle Fahrzeuge ihre Fahrspur einmal oder öfter wechseln und dabei in den Strom der benachbarten Spur einfädeln. Die Fahrzeuge ändern dabei ihre Geschwindigkeit geringfügig, um die zum Einfädeln erforderlichen Zeitlücken zu finden. Für jeden Spurwechsel benötigt ein Fahrzeug eine Spurwechsel-Weglänge, die mit der Fahrgeschwindigkeit wächst. Das Verflechten erfolgt im freien Verkehrsfluß, es erfordert aber annähernd gleich große Fahrgeschwindigkeit beider Verflechtungsströme.

2. Die Messung der maßgebenden Zeitlücken

a) Exaktes Verfahren

Die Ausdrücke (57), (58) und (61) für die zum Kreuzen und Einfädeln benötigten Zeitlücken enthalten Größen (z. B. p_a, τ_r, a_0, b), die teilweise zufallsbedingt sind. Ihre Streuungen rühren vom Fahrzeug, vom Verhalten des Fahrzeuglenkers und von den Fahrbahn- und Verkehrsbedingungen her.

Eine Zeitlücke des Intervalles $(t_i, t_i + \Delta t)$ des vorfahrtberechtigten Hauptstromes wird in einer Beobachtungsreihe von genau n Personenwagen eines Nebenstromes mit genügend langem Stau, hintereinander anfahrend, zum Kreuzen bzw. Einfädeln mit der relativen Häufigkeit $h_i(n)$ benützt und mit der relativen Häufigkeit $1 - h_i(n)$ nicht angenommen (Abb. 24). Die Häufigkeitsverteilung $h_i(n)$ sei für genügend viele Werte von i, wobei Δt hinreichend klein sei, und für $n = 1,2 \ldots$ beobachtet worden.

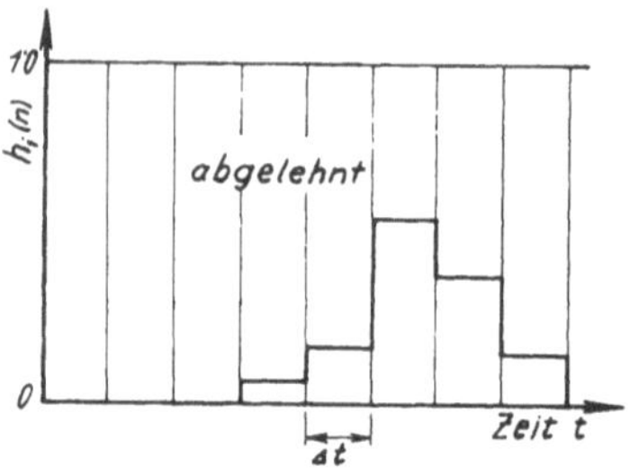

Abb. 24. Häufigkeitslinie der Zeitlücken t_i, die von genau n Personenwagen angenommen werden.

Die Definition der einheitlichen, *maßgebenden Zeitlücke* t_n^* (= Grenzzeitlücke), die zum Kreuzen bzw. Einfädeln von genau n Personenwagen genügt, erfolgt im Hinblick auf die Gesamtzahl der kreuzenden bzw. einfädelnden Personenwagen unter Ausnützung aller geeigneten Zeitlücken, die der Hauptstrom mit der Dichtefunktion $f(t)$ der Zeitlückenverteilung bietet,

$$\left.\begin{aligned} \sum_{i=0}^{\infty} f(t_i)\,\Delta t\, h_i(n) &= f(t_n^*)\,\Delta t \\ \sum_{i=0}^{\infty} f(t_i)\,\Delta t &= 1 \end{aligned}\right\} \tag{62}$$

Die maßgebenden Zeitlücken t_n^* enthalten einen Einfluß der Zeitlückenverteilung des Hauptstromes. Durch die Einführung des Begriffes der Grenzzeitlücke erreicht man, daß die Benützung einer Zeitlücke nicht zufallsbedingt ist.

b) Näherungsmethoden

In einer Versuchsreihe ermittelt man die relativen Häufigkeiten h_i ($\geqq n$), mit denen die Zeitlücken von der Größe $(t_i, t_i + \Delta t)$ von n Fahrzeugen oder mehr gleichzeitig angenommen werden, wenn der Rückstau stets genügend lang ist. Es ist

$$h_i(\geqq n) = \sum_{\nu=n}^{\infty} h_i(\nu)\,.$$

Näherungswerte für t_n^*, die für alle Zeitlückenverteilungen des Hauptstromes verwendet werden können, sind

1. jene Zeitlücke, die von n oder mehr Personenwagen so oft abgelehnt wie angenommen wird (Abb. 25)

$$h_i(\geqq n) = 0{,}5\,; \quad n = \text{konst.}, \tag{63}$$

2. jene Zeitlücke, für die die Summen der Häufigkeiten der angenommenen Lücken $< t_n^*$ und abgelehnten Lücken $> t_n^*$ gleich sind (Abb. 26),

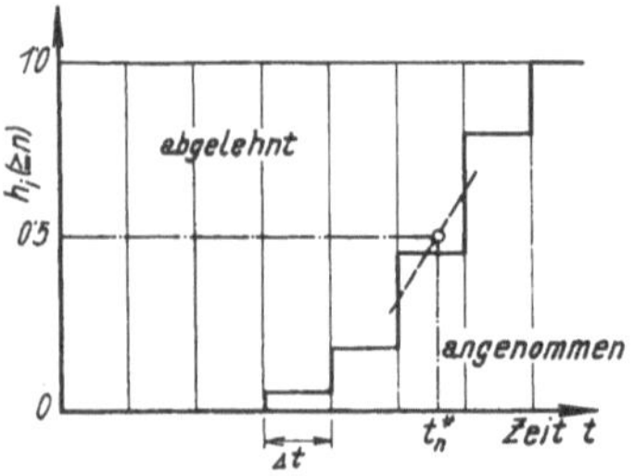

Abb. 25. Relative Häufigkeit der Zeitlücken t_i, die von n oder mehr Personenwagen angenommen oder abgelehnt werden.

$$\sum_{i=0}^{n} h_i(\geqq n) = \sum_{i=n}^{\infty} [1 - h_i(\geqq n)] . \tag{64}$$

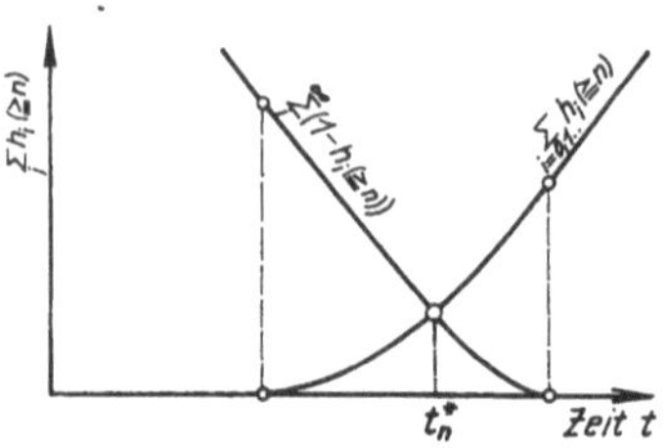

Abb. 26. Summenlinie der relativen Häufigkeiten der Zeitlücken t_i, die von n oder mehr Personenwagen angenommen oder abgelehnt werden.

Gemäß (57), (58) und (61) lassen sich die maßgebenden Zeitlücken für das Kreuzen oder Einfädeln näherungsweise in der Form

$$t_n^* = n\, b + t_0 ;$$

$$n = 1, 2, \ldots \tag{65}$$

darstellen, wobei t_0 von n nicht abhängt. Es genügt daher, durch eine Beobachtungsreihe für $n = 1$ den Wert t_1^* zu bestimmen, wenn vorher der Mittelwert für die Größe b aus der Beobachtung der Zeitabstände der anfahrenden Kolonnen gemessen wurde; wegen

$$t_0 = t_1^* - b \tag{66}$$

sind dann alle maßgebenden Zeitlücken t_n^* bekannt. Durchschnittswerte für t_1^* sind

$t_1^* = 4$ bis 7 s . . . Rechtseinfädeln in einen vorfahrtberechtigten Strom

$t_1^* = 4$ bis 5 s . . . Kreuzen einer Spur mit Vorfahrt

$t_1^* = 5$ bis 6 s . . . Kreuzen einer Zweibahnstraße mit Vorfahrt

$t_1^* = 7$ bis 8 s . . . Kreuzen einer Spur mit Vorfahrt und anschließendes Linkseinfädeln.

3. Die Vorfahrtregelung

a) Vorfahrt des von rechts Ankommenden

Die Verkehrsregelung an Knoten durch den Vorrang des von rechts eintreffenden Fahrzeuges kann je nach der Form des Knotens ein- oder mehrdeutig sein.

1. *Eindeutige Regelung.* An Knoten, die in unabhängige Einzel-Konfliktpunkte (Kreuzungspunkte, Einfädelungspunkte) von jeweils zwei Verkehrsströmen aufgelöst sind, entstehen stets eindeutige Verkehrssituationen (Abb. 27).

Abb. 27. Beispiele für eindeutige Verkehrssituationen bei Rechtsvorrang.

Die von rechts kommenden Fahrzeuge stellen den *Hauptstrom* dar, die von links kommenden den *Nebenstrom.*

2. *Mehrdeutige Regelung.* Knoten mit Häufungen von Konfliktpunkten mehrerer Fahrzeugströme auf engem Raum (Abb. 28) ergeben mehrdeutige Verkehrssituationen.

Die Leistungsfähigkeit derartiger Knoten, die nur bei kleinen Verkehrsmengen der Teilströme ausreichende Verkehrssicherheit gewährleisten, läßt sich nicht berechnen.

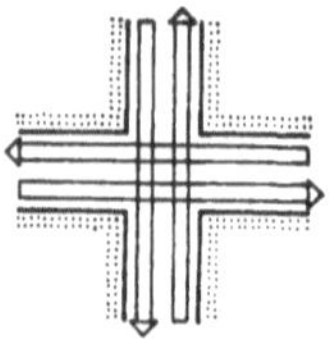

Abb. 28. Beispiel eines Knotens mit mehrdeutigen Verkehrssituationen bei Rechtsvorrang.

b) Knoten mit Haupt- und Nebenströmen

Durch die Nachrang-Regelung bestimmter Zufahrten von Knoten mit gehäuften Konfliktpunkten erhält man vorfahrtberechtigte Hauptströme und nicht vorfahrtberechtigte Nebenströme, so daß alle möglichen Verkehrssituationen eindeutig sind. Die Leistungsfähigkeit wird für jeden Konfliktpunkt gesondert ermittelt.

4. Die ideelle Leistungsfähigkeit

Ein Kreuzungs- oder Einfädelungspunkt erreicht die ideelle Leistungsfähigkeit, wenn alle M_i Personenwagen des Hauptstromes in jeder Spur eine gleich lange, geschlossene Kolonne mit dem kleinsten zeitlichen Abstand a bilden und wenn in der restlichen Zeit $3600 - M_i \cdot a$ die N_i Personenwagen des Nebenstromes in geschlossener Kolonne mit dem kleinsten möglichen Zeitabstand b kreuzen oder einfädeln, so daß

$$N_i \cdot b + M_i \cdot a = 3600 \,. \tag{67}$$

Die ideelle Leistungsfähigkeit L_i des elementaren Knotens ist

$$L_i = M_i + N_i = \frac{3600 + M_i(b - a)}{b} \,. \tag{68}$$

Beobachtungen zufolge ist annähernd $b = a = 1{,}8$ s, so daß

$$L_i = M_i + N_i = 2000 \quad \text{[Personenwagen/Stunde]} \,, \tag{69}$$

wenn eine Spur für den Hauptstrom und eine Spur für den Nebenstrom vorhanden ist.

5. Die mögliche Leistungsfähigkeit

Die Zeitlücken von M Personenwagen eines vorfahrtberechtigten Hauptstromes gehorchen einer Wahrscheinlichkeitsverteilung, die entsprechend (38) durch die Summen-Funktion $F(t)$ beschrieben wird. Die mögliche Leistungsfähigkeit des Knotens (Kreuzungs- oder Einfädelungsstelle) wird erreicht, wenn in der Zufahrt des kreuzenden oder einfädelnden Nebenstromes dauernder, unbegrenzt langer Stau von wartenden Fahrzeugen vorhanden ist, so daß alle Zeitlücken des Hauptstromes voll ausgenützt werden können. Die mittlere Wartezeit der gestauten Fahrzeuge ist unbegrenzt lang, d. h. unendlich.

In einer Zeitlücke t_n des Hauptstromes von der Größe

$$t_0 + n\,b \leqq t_n \leqq (n+1)\,b + t_0\,, \quad n = 1, 2, \ldots \infty\,,$$

die mit der Wahrscheinlichkeit

$$F(> t_0 + n\,b) - F(> t_0 + (n+1)\,b)$$

nach dem Passieren eines Personenwagens zu erwarten ist, können insgesamt genau n aus dem Stand anfahrende Personenwagen des Nebenstromes kreuzen bzw. einfädeln (Abb. 29). Es ist stets

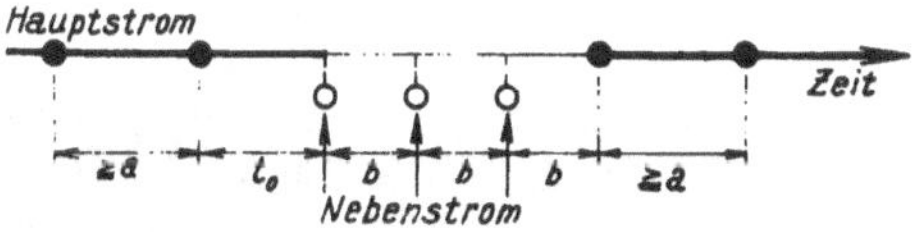

Abb. 29. Zeitabstände der Personenwagen des Haupt- und Nebenstromes beim Kreuzen oder Einfädeln.

$$t_0 + b > a\,,$$

daher

$$F(\geqq t) = (1-p)\,\mathrm{e}^{-\ddot{m}_0 (t-a)}\,. \tag{70}$$

Man setzt also in vereinfachender Weise voraus, daß die Annahme einer Zeitlücke von einem wartenden Fahrzeuge **n i c h t** zufallsbedingt ist.

Da im Hauptstrom insgesamt M Zeitlücken vorhanden sind, ist die im Durchschnitt mögliche Anzahl der kreuzenden oder einfädelnden Personenwagen

$$N_m = M \sum_{n=1}^{\infty} n \{F(> t_0 + n\,b) - F[> t_0 + (n+1)\,b]\} =$$

$$= M(1-p)\,e^{-\bar{m}_0(t_0-a)}\left(1-e^{-\bar{m}_0 b}\right) \sum_{n=1}^{\infty} n\,e^{-\bar{m}_0 b n}. \qquad (71)$$

Nach wiederholter Summation geometrischer Reihen erhält man wegen $e^{-m_0 b} \leqq 1$

$$\sum_{n=1}^{\infty} n\,e^{-\bar{m}_0 b n} = \frac{e^{-m_0 b}}{(1-e^{-\bar{m}_0 b})^2}. \qquad (72)$$

Damit beträgt die mittlere Anzahl N_m der Personenwagen des kreuzenden oder einfädelnden Nebenstromes

$$N_m = M(1-p)\,\frac{e^{-\bar{m}_0(t-a)}}{e^{+\bar{m}_0 b}-1},$$

$$0 \leqq M \leqq \frac{3600}{a}, \qquad (73)$$

$$0 \leqq N_m \leqq \frac{3600}{b}.$$

Die mögliche Leistungsfähigkeit L_m eines elementaren Knotenpunktes (Kreuzungs- oder Einfädelungspunkt) beträgt

$$L_m = M + N_m = M\left[1+(1-p)\,\frac{e^{-\bar{m}_0(t_0-a)}}{e^{+m_0 b}-1}\right]. \qquad (74)$$

Die Zeitlückenverteilung des Hauptstromes, die in den Größen $\bar{m}_0$ und p enthalten ist, beeinflußt die mögliche Leistungsfähigkeit des Knotens entsprechend (74). Insbesondere läßt sich der Wert L_m eines Knotens nur dann berechnen, wenn die Verkehrsmenge M des Hauptstromes bekannt ist (Abb. 30). Die mögliche Leistungsfähigkeit L_m

ist am kleinsten, wenn Haupt- und Nebenstrom annähernd gleich groß sind.

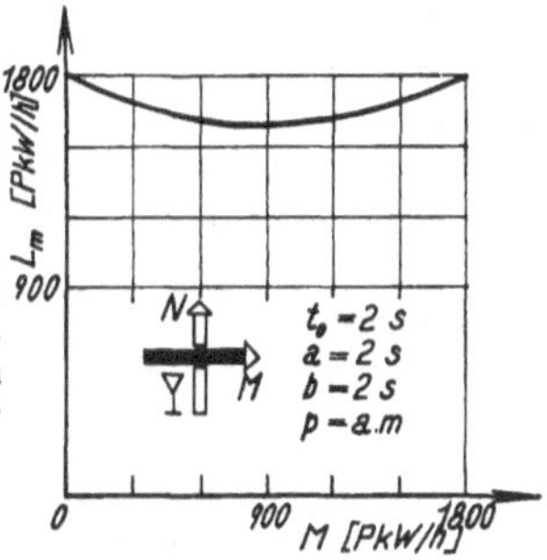

Abb. 30. Die mögliche Leistungsfähigkeit eines eindeutig vorfahrtgeregelten, elementaren Knotens in Abhängigkeit von der Verkehrsmenge des Hauptstromes (Zahlenbeispiel).

Sonderfall

Ein ungestörter Hauptstrom, der dem Poissonschen Gesetz gemäß II/4 gehorcht, ergibt für $p = 0$, $a = 0$, $\overline{m}_0 = m$ aus (73) den ideeellen Sonderfall

$$N_m = M \frac{e^{+m t_0}}{e^{+m b} - 1} . \tag{73a}$$

Näherungsweise kann man $t_0 = 0$ verwenden und $b = b_1^*$ als mittleren konstanten Zeitlückenbedarf eines kreuzenden bzw. einfädelnden Fahrzeuges einführen,

$$N_m \approx \frac{M}{e^{+m b_1^*} - 1} . \quad \text{[n. Grabe]} \tag{73b}$$

Der Wert b_1^* ist derart zu bestimmen, daß (73a) und (73b) gleich werden, also

$$e^{m b_1^*} = 1 + e^{m t_0} \left(e^{m b} - 1\right) . \tag{75}$$

6. Die praktische Leistungsfähigkeit

a) Allgemeines Modell

Der Fahrzeugstau und die Wartezeiten geben ein Bild von den Verkehrszuständen an einem nicht signalgeregelten Knoten. Es sind Maßstäbe für die Sicherheit, Wirtschaftlichkeit und Bequemlichkeit für die Verkehrsteilnehmer.

Die Zahl der im Stauraum der Knotenzufahrt des Nebenstromes wartenden Personenwagen ist zeitlich veränderlich. Es läßt sich die Wahrscheinlichkeit $Q_n(t)$ ermitteln, daß zum Zeitpunkt t im Stauraum genau n Personenwagen ($n = 0, 1, 2 \ldots$) warten; sie ist der relative Zeitanteil, während dessen n Personenwagen gestaut sind. Die Verhältnisse im Stauraum werden bestimmt durch (Abb. 31)

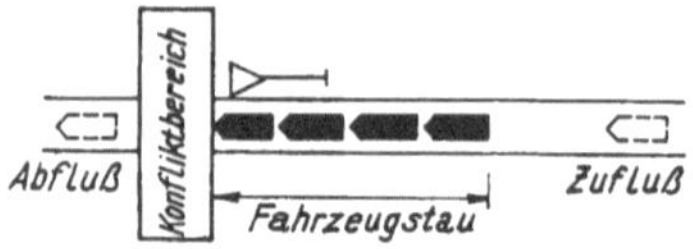

Abb. 31. Stochastisches Modell eines nicht signalgeregelten **Knotens.**

1. das Zufallsgesetz der Zeitabstände der zufließenden Personenwagen, das die Verkehrsmenge N und die Häufigkeiten der Teilkolonnen enthält,

2. das Zufallsgesetz der Zeitlücken des vorfahrtberechtigten Hauptstromes mit der Verkehrsmenge M und mit bestimmten Teilkolonnen, das die Zeitabstände der abfließenden (kreuzenden bzw. einfädelnden) Personenwagen bedingt.

Es zeigt sich, daß die Gesetze des Zuflusses und des Abflusses die zeitlichen Schwankungen des Fahrzeugstaues wesentlich beeinflussen, daß hingegen die relativen Häufigkeiten Q_n der Staulängen davon nur geringfügig abhängen. Man kann daher, um allgemein brauchbare Ergebnisse zu erhalten, näherungsweise von einem stochastischen Modell mit einem besonderen Gesetz des Zu- und Abflusses ausgehen.

b) Vereinfachtes Modell

Der stochastische Vorgang sei dadurch gekennzeichnet, daß die zufließende Verkehrsmenge und auch die abfließende (= die kreuzende bzw. einfädelnde) dem *Poisson*schen Gesetz (26) und der exponentiellen Zeitlückenverteilung (24) gehorchen, daß also die zufließenden wie auch die abfließenden Personenwagen untereinander zeitlich unabhängig sind.

Die größtmögliche Zahl N_m der abfließenden Personenwagen des Nebenstromes kann man gemäß (73) berechnen. Während eines genügend klein gewählten Zeitintervalles Δt ist der Abfluß eines Personenwagens aus dem Stauraum mit der Wahrscheinlichkeit $\nu_m \cdot \Delta t$ zu erwarten, wenn

$$\nu_m = \frac{N_m}{3600} . \tag{76}$$

Das Eintreffen eines Personenwagens im Stauraum während Δt erfolgt mit der Wahrscheinlichkeit $\nu \cdot \Delta t$, wobei

$$\nu = \frac{N}{3600} . \tag{77}$$

Die Anzahl der Fahrspuren in der Zufahrt zum Stauraum und auch beim Abfließen kann beliebig sein. Den Sättigungsgrad ϱ des Nebenstromes bezüglich der möglichen Leistungsfähigkeit definiert man als

$$\varrho = \frac{N}{N_m} = \frac{\nu}{\nu_m} \leqq 1 . \tag{78}$$

1. Der Fahrzeugstau. Der Stauraum soll unbegrenzt sein, so daß unendlich viele Personenwagen gestaut sein können. Wenn sich zu einem Zeitpunkt $t + \Delta t$ gerade n Personenwagen im Stauraum befinden, dann waren zum Zeitpunkt t entweder

$n + 1$ Personenwagen gestaut und es ist während Δt ein Personenwagen abgeflossen und keiner eingetroffen,

oder n Personenwagen gestaut und es ist während Δt keiner abgeflossen und keiner eingetroffen oder aber je einer eingetroffen und abgeflossen,

oder n Personenwagen gestaut und es ist während Δt keiner abgeflossen und einer eingetroffen.

Im Hinblick auf obige drei möglichen Fälle lautet die Wahrscheinlichkeit $Q_n(t + \Delta t)$ für den Zustand „n" zur Zeit $t + \Delta t$

$$Q_n(t+\Delta t) = Q_{n+1}(t) \cdot \nu_m \Delta t (1 - \nu \Delta t) + \\ + Q_n(t) \cdot [\nu_m \Delta t \, \nu \Delta t + (1 - \nu_m \Delta t)(1 - \nu \Delta t)] + \\ + Q_{n-1}(t) \cdot (1 - \nu_m \Delta t) \cdot \nu \Delta t . \tag{79}$$

Es ist $Q_n(t) \equiv 0$, wenn $n < 0$. Die Zustandswahrscheinlichkeiten $Q_n(t)$ zur Zeit t hängen daher von den Anfangs-Wahrscheinlichkeiten $Q_n(t_0)$ zum Zeitbeginn t_0 ab. Wenn das Zu- und Abfließen unter gleichbleibenden Bedingungen lange Zeit vor sich geht, ist zu erwarten, daß der Einfluß des Anfangszustandes verschwindet und daß sich die Zustandswahrscheinlichkeiten $Q_n(t)$ stationären Werten Q_n asymptotisch nähern, so daß

$$\lim_{t \to \infty} Q_n(t) = Q_n = \text{konst.},$$

$$\lim_{t \to \infty} \frac{\mathrm{d}\, Q_n(t)}{\mathrm{d} t} = \lim_{t \to \infty} \left(\lim_{\Delta t \to 0} \frac{Q_n(t+\Delta t) - Q_n(t)}{\Delta t} \right) \equiv 0 , \\ n = 0, 1, \ldots, \infty . \tag{80}$$

Mit diesen Beziehungen geht, wenn man das Intervall Δt hinreichend klein wählt, (79), das ein System der homogenen linearen Differentialgleichungen erster Ordnung darstellt, im Grenzfall $\Delta t \to 0$ in das System von gewöhnlichen, linearen und homogenen Gleichungen über

$$\nu_m \cdot Q_{n+1} - (\nu_m + \nu) \cdot Q_n + \nu \cdot Q_{n-1} = 0 . \\ n = 0, 1, \ldots, \infty . \tag{81}$$

Man überzeugt sich, daß die Gleichungsdeterminante den Wert 0 hat, und daß somit eine eindeutige Lösung existiert, wenn man beachtet, daß

$$\sum_{n=0}^{\infty} Q_n = 1 . \tag{82}$$

Durch vollständige Induktion gewinnt man die Lösungen Q_n von (81) für die Zustandswahrscheinlichkeiten des Systems,

$$Q_n = (1 - \varrho)\, \varrho^n \,; \quad n = 0, 1, \ldots, \infty \,. \tag{83}$$

Die Wahrscheinlichkeit $\ddot{U}_{n^*}$, daß im Stauraum mehr als n^* oder gerade n^* Personenwagen vorhanden sind, beträgt

$$\ddot{U}_{n^*} = \sum_{n=n^*}^{\infty} Q_n = \varrho^{n^*} \,. \tag{84}$$

2. Die Wartezeiten. Beim Eintreffen eines Personenwagens mögen n Personenwagen im Stauraum warten. Diese n Personenwagen mögen während der Zeit w abfließen können und es möge anschließend, also in der Zeit $(w, w + \Delta w)$, auch der betreffende Personenwagen abfließen können. Die Wahrscheinlichkeit Z, daß ein eintreffender Personenwagen während einer Wartezeit zwischen w und $w + \Delta w$ im Stauraum verbleibt, ist demnach

$$Z(w, w + \Delta w) = \sum_{n=0}^{\infty} Q_n \cdot P_n(\nu_m, \nu) \cdot \nu_m \,\Delta w = z(w) \cdot \Delta w \,, \tag{85}$$

wobei $z(w)$ die Dichtefunktion der Wartezeiten-Verteilung darstellt. Mit (26) und (83) entsteht aus (85)

$$z(w) = (\nu_m - \nu)\, e^{-(\nu_m - \nu)\, w} \,. \tag{86}$$

Der Mittelwert $E(w)$ der Wartezeiten ergibt sich zu

$$E(w) = \frac{1}{\nu_m - \nu} = \frac{1}{\nu_m} \cdot \frac{1}{1 - \varrho} \tag{87}$$

und die Streuung $\sigma^2(w)$ der Wartezeiten

$$\sigma^2(w) = \frac{1}{(\nu_m - \nu)^2} = \frac{1}{\nu_m^2} \cdot \frac{1}{(1 - \varrho)^2} \,. \tag{88}$$

Die Wahrscheinlichkeit, mit der ein eintreffender Personenwagen eine Wartezeit $\geqq w$ zu befürchten hat, gibt die Summenfunktion $F(\geqq w)$ der Wartezeiten-Verteilung an

$$F(\geqq w) = \int_{u=w}^{\infty} z(u)\, \mathrm{d}u = \mathrm{e}^{-(\nu_m - \nu)\, w} . \tag{89}$$

c) Kriterien für die praktische Leistungsfähigkeit

1. Der kritische Fahrzeugstau. Der vorhandene Stauraum in der Zufahrt des Nebenstromes kann begrenzt sein durch die Länge der Aufstellungsspuren, durch einen vorhergehenden Knoten (Querstraßenabstand usw.) oder durch andere örtliche Umstände, wie Schienenübergänge u. a. Die erwünschte Sicherheit gegen ein Überfüllen dieses vorhandenen Stauraumes, der insgesamt höchstens n Personenwagen aufnehmen kann, gilt als Kriterium für die praktische Leistungsfähigkeit L_{pr} des Knotens

$$L_{pr} = M + N_{pr} . \tag{90}$$

Als praktische Sicherheitsschwelle betrachtet man, je nach den Folgen, die eine Überfüllung des verfügbaren Stauraumes mit sich bringen kann, die Überlastungswahrscheinlichkeit

$$\ddot{U}^{*}_{n^*+1} = 0{,}01 \text{ bis } 0{,}05 . \tag{91}$$

Das bedeutet, daß in einer Stunde der Stauraum mit n Personenwagen im Durchschnitt während insgesamt 36 bis 180 Sekunden überfüllt sein wird.

Der kritische Sättigungsgrad ϱ_{pr} des Nebenstromes bei Erreichen der praktischen Leistungsfähigkeit beträgt gemäß (84)

$$\varrho_{pr} = \sqrt[n^*+1]{\ddot{U}^{*}_{n^*+1}} , \tag{92}$$

und die praktische Leistungsfähigkeit des Knotens ist mit (78)

$$L_{pr} = M + \varrho_{pr} \cdot N_m = L_m - (1 - \varrho_{pr})\, N_m . \tag{93}$$

Die praktische Leistungsfähigkeit hängt also vom Verhältnis der beiden Verkehrsmengen M und N des Haupt- und Nebenstromes ab; sie ist am kleinsten, wenn beide annähernd gleich groß sind.

Eine empirische Methode

Der vorhandene Sättigungsgrad ϱ eines elementaren, vorfahrtgeregelten Knotens kann durch eine Stauraum-Beobachtung bestimmt werden, ohne die vorhandenen Verkehrsmengen M und N des Haupt- und Nebenstromes und deren Zeitlückenverteilungen zu messen.

Man beobachtet den relativen Zeitanteil, während dessen der Stauraum leer ist; dieser ist, wenn die Beobachtungszeit lang genug gewählt wurde, ein hinreichend genauer Wert für die Zustands-Wahrscheinlichkeit Q_0 des Systems. Aus (83) entsteht für $n = 0$ der vorhandene Sättigungsgrad des Knotens

$$\varrho = 1 - Q_0 \,. \tag{94}$$

2. Die kritische mittlere Wartezeit. In Fällen, wo der vorhandene Stauraum unbegrenzt ist, entsteht mit $n^* = \infty$ aus (92) $\varrho_{pr} = 1$; die praktische Leistungsfähigkeit läßt sich mit dem Kriterium (92) von der möglichen nicht unterscheiden. Ein zweites Kriterium läßt sich gewinnen, indem man die Wartezeiten untersucht. Der Zeitverlust und der damit verbundene Mehrverbrauch an Treibstoff ist ein Maßstab für die Wirtschaftlichkeit einer Verkehrsanlage.

Der Zeitverlust, den ein Fahrzeug des Nebenstromes gegenüber ununterbrochener Fahrt durch den Knoten erleiden muß, besteht aus

1. der zusätzlichen Zeit Δw_b zum Abbremsen,
2. der Wartezeit w,
3. der zusätzlichen Zeit Δw_a zum Beschleunigen.

Während die Anteile 1. und 3.

$$\left.\begin{aligned}\varDelta w_b &= \frac{v}{2\,p_b}, \quad p_b \ \ldots \text{mittlere Bremsverzögerung}\\ \varDelta w_a &= \frac{v}{2\,p_a}, \quad p_a \ \ldots \text{mittlere Anfahrbeschleunigung}\end{aligned}\right\} \tag{95}$$

für jeden angehaltenen Personenwagen gleich groß sind, hängt die Wartezeit von den Verhältnissen im Stauraum ab. Mit Hilfe der mittleren Wartezeit $E(w)$ gemäß (87) erhält man die Summe aller Wartezeiten W in einer Stunde

$$W = \frac{N}{3600}\,E\,(w) = \frac{\varrho}{1-\varrho}\,. \tag{96}$$

Das Ergebnis besagt, daß die Summe der Wartezeiten eines vorfahrtgeregelten Knotens nur vom Sättigungsgrad abhängt (und nicht von der Verkehrsmenge des Nebenstromes)! Hier bietet sich ein Anhaltspunkt für ein Kriterium der praktischen Leistungsfähigkeit. Legt man eine größte, allgemein zumutbare mittlere Wartezeit $E^*(w)$ fest, so lassen sich mit Hilfe von (87) der Sättigungsgrad ϱ_{pr} und die Verkehrsmenge N_{pr} des Nebenstromes angeben, die der so definierten praktischen Leistungsfähigkeit L_{pr} des Knotens entsprechen:

$$\left.\begin{aligned}\varrho_{pr} &= 1 - \frac{1}{\nu_m \cdot E^*(w)}\,,\\ N_{pr} &= \varrho_{pr} \cdot N_m = N_m - \frac{3600}{E^*(w)}\,,\\ L_{pr} &= M + N_{pr} = L_m - \frac{3600}{E^*(w)}\,.\end{aligned}\right\} \tag{97}$$

Die mögliche und praktische Leistungsfähigkeit unterscheiden sich daher um einen konstanten Betrag [vgl. (93)].

Der gesamte Zeitverlust $\varDelta T$ des Knotens beträgt daher pro Stunde

$$\varDelta T = W + N\,(\varDelta w_b + \varDelta w_a) = \frac{\varrho}{1-\varrho} + N\,\frac{v}{2}\left(\frac{1}{p_b} + \frac{1}{p_a}\right). \tag{98}$$

Dabei wurde angenommen, daß alle Fahrzeuge des Nebenstromes abgebremst werden müssen, auch wenn der Stauraum leer ist („Stopstraße"). Der mittlere Zeitverlust Δt_m jedes Fahrzeuges des Knotens beträgt

$$\Delta t_m = \frac{\Delta T}{M + N} . \tag{99}$$

7. Die maßgebende Verkehrsbelastung und die Leistungsreserve

Der relative Unterschied zwischen der möglichen und praktischen Leistungsfähigkeit eines nicht signalgeregelten Knotens fällt in praktischen Fällen verhältnismäßig gering aus. Der Verkehrszustand bei Ausnützung der möglichen Leistungsfähigkeit ist im Hinblick auf die Sicherheit, Wirtschaftlichkeit und Bequemlichkeit untragbar. Die *Leistungsreserve* kann daher nur auf die praktische Leistungsfähigkeit bezogen werden. Dementsprechend wird als *maßgebende Verkehrsmenge* die Verkehrsmenge der Spitzenstunde betrachtet.

Die vorhandenen Verkehrsmengen M und N des Haupt- und Nebenstromes seien bekannt,

$$M + N \leqq L_{pr} . \tag{100}$$

Nimmt man an, daß sich beide Ströme um den gleichen Prozentsatz vergrößern können, bis die praktische Leistungsfähigkeit des Knotens erreicht wird, dann gilt

$$\left.\begin{aligned} \sigma N &= N_{pr} \\ \sigma (M + N) &= L_{pr} \end{aligned}\right\} \quad \sigma \geqq 1 . \tag{101}$$

Es ist zu beachten, daß die größtmögliche Verkehrsmenge des Nebenstromes N_m von der Stärke des vorhandenen Hauptstromes M abhängt,

$$N_m = N_m (M) . \tag{102}$$

Der *Steigerungsfaktor* σ ist wegen (101) und (102) aus der Gleichung

$$\sigma \cdot N = \varrho_{pr} \cdot N_m \, (\sigma M) \tag{103}$$

zu berechnen. Die relative Leistungsreserve in bezug auf den vorhandenen Verkehr beträgt

$$\frac{L_{pr} - (M + N)}{M + N} = \sigma - 1 \,. \tag{104}$$

Im Hinblick auf (78) und (101) gilt

$$\sigma = \frac{\varrho_{pr}}{\varrho} \,. \tag{105}$$

8. Einfädelungsspuren

a) Verkehrsvorgang

Der Einfädelungsvorgang auf Einfädelungsspuren (Abb. 32) wird nicht an einem durch konstruktive Maß-

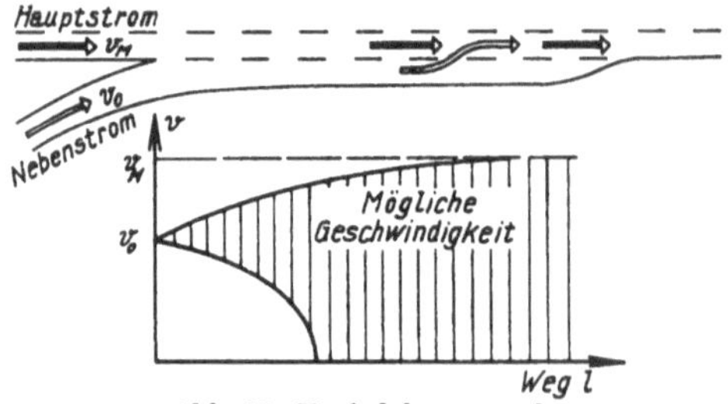

Abb. 32. Einfädelungsstrecke.

nahmen eindeutig vorherbestimmten Punkt erzwungen, sondern er kann von den einfädelnden Fahrzeugen innerhalb einer Strecke durchgeführt werden (z. B. bei Autobahn-Einfahrten). Das Einfädeln erfolgt in voller Fahrt durch einen Spurwechselvorgang. Dadurch erleiden die Fahrzeuge einen wesentlich geringeren Zeitverlust als bei einem Einfädelungspunkt.

Die Einfädelungsspuren münden von rechts in die Hauptfahrbahn ein, deren Verkehrsstrom die Vorfahrt besitzt.

Ein Fahrzeug des Nebenstromes soll erst einfädeln dürfen, wenn sich vor ihm auf der Einfädelungsspur kein anderes Fahrzeug befindet, das ebenfalls einzufädeln beabsichtigt. Die mittlere Fahrgeschwindigkeit v_M des Hauptstromes ist meist größer als die Fahrgeschwindigkeit v_0 der Fahrzeuge des Nebenstromes am Beginn der Einfädelungsspur, $v_M > v_0$.

Die Geschwindigkeitssteigerung der einfädelnden Fahrzeuge von v_0 auf v_M (im Durchschnitt) erfolgt entweder noch innerhalb der Einfädelungsspur oder erst auf der Hauptfahrbahn*).

Von der Verkehrsmenge N des Nebenstromes findet ein Teil N' beim Eintreffen am Beginn der Einfädelungsstrecke im Hauptstrom eine geeignete Zeitlücke zum Einfädeln. Die Fahrzeuge des anderen Teiles $N'' = N - N'$ können innerhalb der Einfädelungsstrecke ihre Fahrgeschwindigkeit zwischen zwei Grenzen variieren, so daß sich im vorbeifahrenden, schnelleren Hauptstrom nach einiger Zeit eine Einfädelungslücke bietet. Sie erleiden dabei einen bestimmten Zeitverlust gegenüber den Fahrzeugen der Teilmenge N'.

b) Ideelle Leistungsfähigkeit

Die idelle Leistungsfähigkeit N_i einer Einfädelungsspur, die voraussetzt, daß die Verkehrsmenge M des Hauptstromes Null ist, entspricht der ideellen Leistungsfähigkeit einer Fahrspur der freien Strecke (vgl. V/4) und beträgt demgemäß etwa $N_i = 2000$ Personenwagen/Stunde.

c) Mögliche Leistungsfähigkeit

Die Verkehrsmenge M und die Zeitlückenverteilung des Hauptstromes sind als bekannt vorausgesetzt. Die mögliche Leistungsfähigkeit N_m der Einfädelungsstrecke ist die größte Anzahl von Personenwagen, die einfädeln können, wenn sie mit günstigster Einfädelungsgeschwindigkeit, die

*) Deshalb werden Einfädelungsspuren fälschlich 'Beschleunigungsspuren' genannt.

sie erreichen können, alle geeigneten Lücken im Hauptstrom zum Einfädeln benützen. Sie ist gemäß (73) zu berechnen. Die Länge der Verflechtungsstrecke ist nur insofern für die mögliche Leistungsfähigkeit von Bedeutung, als sie die günstigste Einfädelungsgeschwindigkeit beeinträchtigen kann. Die mögliche Leistungsfähigkeit kann nur erreicht werden, wenn die Zeitabstände der einfädelnden Fahrzeuge des Nebenstromes den verfügbaren Zeitlücken des Hauptstromes entsprechen. Das setzt voraus, daß die Fahrzeuge bereits in der Zufahrt der Einfädelungsstrecke gestaut werden und einen Zeitverlust erleiden, wenn ihr ursprüngliches Zeitlückengesetz von jenem abweicht.

c) Praktische Leistungsfähigkeit

Das stochastische Modell für den Verkehrsablauf in einer Einfädelungsstrecke unterscheidet sich von jenem eines Einfädelungspunktes (vgl. V/6/a). Dem Fahrzeugstau entsprechen die in der Einfädelungsstrecke fahrenden, auf das Einfädeln wartenden Fahrzeuge.

Kriterien für die praktische Leistungsfähigkeit einer Einfädelungsstrecke können aus einer Untersuchung des Anteils jener Fahrzeuge, die eine beeinträchtigte Fahrgeschwindigkeit haben, und aus ihrem dadurch erlittenen Zeitverlust abgeleitet werden.

Die praktische Leistungsfähigkeit einer Einfädelungsstrecke wird bestimmt durch

die Verkehrsmenge des Hauptstromes und dessen Zeitlückengesetz,

die Zufahrtgeschwindigkeit v_0 des Nebenstromes,

die Länge und die Neigungsverhältnisse der Einfädelungsstrecke,

die Sichtverhältnisse in der Zufahrt.

Eine Einfädelungsstrecke soll daher um so länger sein, je größer ihre Steigung ist und je größer die erforderliche praktische Leistungsfähigkeit sein soll. Da jedoch die praktische Leistungsfähigkeit nicht größer werden kann als die mögliche, die von der Länge unabhängig ist, kann durch eine Verlängerung einer Einfädelungsstrecke ihre praktische Leistungsfähigkeit verhältnismäßig geringfügig gesteigert werden. Die Einfädelungsspur soll wesentlich länger sein als der Bremsweg, der der Zufahrtgeschwindigkeit v_0 entspricht.

9. Verflechtungsstrecken

a) Konstruktive Ausbildung

Die verflechtenden Verkehrsströme werden tangential zusammengeführt. Die Zahl der Fahrspuren in der Verflechtungsstrecke ist die Summe der Fahrspuren der beiden Zufahrten. Demnach erhält eine Verflechtungsstrecke 2 Spuren, wenn beide Zufahrten einspurig sind (Abb. 33), und 4 Spuren, wenn beide Zufahrten zweispurig sind. Die An-

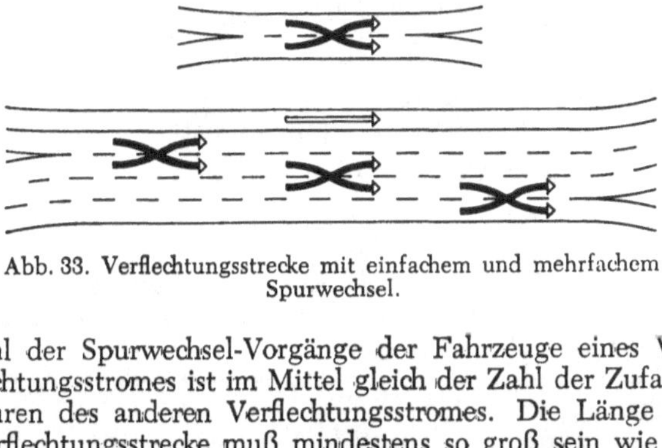

Abb. 33. Verflechtungsstrecke mit einfachem und mehrfachem Spurwechsel.

zahl der Spurwechsel-Vorgänge der Fahrzeuge eines Verflechtungsstromes ist im Mittel gleich der Zahl der Zufahrtspuren des anderen Verflechtungsstromes. Die Länge der Verflechtungsstrecke muß mindestens so groß sein wie die Summe der im Mittel von einem Fahrzeug benötigten Spurwechsel-Weglängen; sie muß daher mindestens aus $\nu_1 + \nu_2 - 1$ Spurwechsel-Weglängen bestehen, wenn die beiden Verflechtungsströme ν_1 und ν_2 Zufahrt-Spuren haben. Eine Vermehrung der Spurenzahl der Verflechtungsstrecke ergibt nur dann eine größere Leistungsfähigkeit, wenn auch ihre Länge entsprechend vergrößert wird.

Die Randströme der beiden Zufahrten, die am Verflechtungsvorgang nicht teilnehmen, sollen eigene Fahrspuren erhalten, wenn ihre Verkehrsmengen groß sind.

Die Spurwechsel-Weglänge wächst mit der Fahrgeschwindigkeit. Die kleinste, erforderliche Spurwechsel-Weglänge beträgt etwa 35 m, im allgemeinen aber wird mehr als 60 m gewählt.

b) Ideelle Leistungsfähigkeit

Eine Verflechtungsstrecke, deren Länge die Summe der im Mittel notwendigen Spurwechsel-Weglängen der Fahrzeuge ist, erreicht ihre ideelle Leistungsfähigkeit, wenn die Verkehrsmenge des schwächeren Verflechtungsstromes Null wird und der stärkere Verflechtungsstrom die idelle Leistungsfähigkeit seiner Fahrbahn erreicht. Die ideelle Leistungsfähigkeit ist daher die Summe der ideellen Leistungsfähigkeit der Fahrspuren jener Zufahrt, die die größere Spurenanzahl von beiden hat (unterer Grenzwert). Die indeelle Leistungsfähigkeit einer unbegrenzt langen Verflechtungsstrecke nähert sich der Summe der iedeellen Leistungsfähigkeit ihrer Fahrspuren (oberer Grenzwert).

c) Mögliche Leistungsfähigkeit

Eine Verflechtungsstrecke erreicht ihre mögliche Leistungsfähigkeit, wenn in beiden Verflechtungsströmen alle Zeitlücken, die die erforderliche Größe aufweisen, zum Spurwechsel ausgenützt werden. Die mögliche Leistungsfähigkeit ist daher abhängig von

1. dem Verhältnis der beiden verflechtenden Verkehrsmengen M_1 und M_2,
2. der mittleren Fahrgeschwindigkeit beider Verflechtungsströme,
3. der Anzahl der Spuren in der Verflechtungsstrecke,
4. der Länge der Verflechtungsstrecke,
5. den sonstigen Fahrbahneinflüssen.

Die mögliche Leistungsfähigkeit wird am größten, wenn die Fahrgeschwindigkeit zwischen 40 und 45 km/h liegt. Bei minimaler Länge der Verflechtungsstrecke kann sie höchstens, wenn der schwächere Verflechtungsstrom die Verkehrsmenge $M_2 = 0$ hat, die mögliche Leistungsfähigkeit der Fahrbahn des stärkeren Verflechtungsstromes M_1 erreichen; sind beide Verflechtungsströme annähernd gleich stark, dann ist die mögliche Leistungsfähigkeit am geringsten (untere Grenze). Sie kann bei unbegrenzter Länge nicht größer sein als die Summe der möglichen Leistungsfähigkeit aller Fahrspuren (obere Grenze).

d) Praktische Leistungsfähigkeit

Das Verflechten ist ein stochastischer Vorgang, der wesentlich durch die gegenseitigen Beeinflussungen der Fahrzeuge bestimmt wird. Mit zunehmender Verkehrsdichte wächst die gegenseitige Behinderung der verflechtenden Fahrzeuge, gleichzeitig damit sinkt für jedes Fahrzeug die Möglichkeit, innerhalb der verfügbaren Verflechtungslänge den Spurwechsel in freiem Verkehrsfluß durchführen zu können. Ein Teil der Fahrzeuge wird gezwungen, die Fahrgeschwindigkeit zu vermindern, um in der Nebenspur eine ausreichende Zeitlücke zum Spurwechsel abzuwarten. Dadurch beginnt der Verkehrsfluß zu stocken, die Leistung fällt spontan ab. Das Verkehrsgeschehen in einer Verflechtungsstrecke wird bei Erreichen der Leistungsgrenze labil.

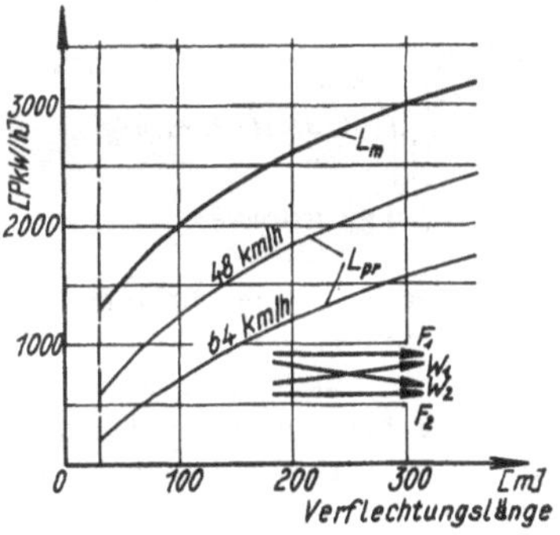

Abb. 34. Empirische Diagramme für die mögliche und praktische Leistungsfähigkeit von Verflechtungsstrecken (nach Highway Capacity Manual).

Aus Beobachtungen werden Durchschnittswerte für die mögliche und praktische Leistungsfähigkeit abgeleitet, die die unter V/9/c genannten Einflüsse enthalten (Abb. 34). Die Werte für die Leistungsfähigkeit L gelten für die Summe der Verkehrsmengen der Verflechtungsströme M_1 und M_2 und der nicht verflechtenden Randströme F_1 und F_2. Die Werte sind unter der Bedingung gültig, daß die Zahl ν der Spuren in der Verflechtungsstrecke der empirischen Gleichung

$$L = M_1 + M_2 + F_1 + F_2,$$

$$\nu = \frac{W_1 + 3 \cdot W_2 + F_1 + F_2}{L_1}, \quad W_2 < W_1 \tag{106}$$

genügt; L_1 ist die praktische bzw. mögliche Leistungsfähigkeit einer Fahrspur für die freie Strecke.

e) Anwendungsbeispiele und Abarten

Verflechtungsstrecken sind Konstruktionselemente von echten Kreisverkehrsanlagen, versetzten Kreuzungen (Abb. 35) und anderen Knotenformen sowie von Zufahrten zu signalgesteuerten Knoten (Abb. 39).

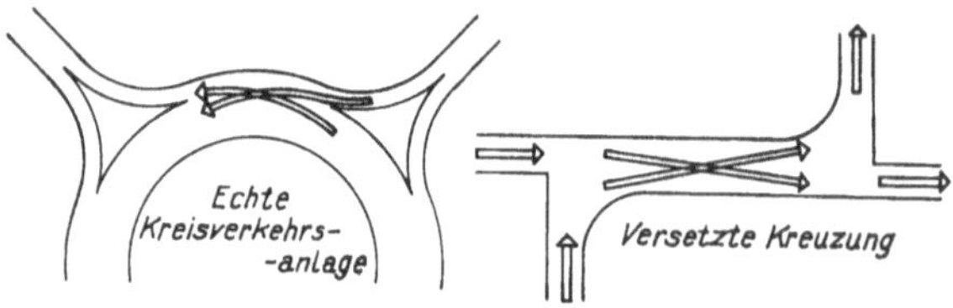

Abb. 35. Beispiele für Verflechtungsstrecken.

Zu schmale Verflechtungsstrecken lassen bei dichtem Verkehr kein Verflechten der Fahrzeuge zu. Aus dem Verflechtungsvorgang entsteht ein örtlich begrenztes Einfädeln und am Ende der Verflechtungsstrecke ein Ausfädeln. Die Leistungsfähigkeit ist dann durch den Einfädelungspunkt bestimmt.

Zu kurze oder zu breite Verflechtungsstrecken zwingen die Fahrzeuge zum spitzwinkeligen Kreuzen. Die Leistungsfähigkeit entspricht jener einer Kreuzung mit eindeutiger Vorrangregelung. Die Verkehrssicherheit derartiger Anlagen ist unzureichend.

VI. Signalgeregelte Knoten

1. Das Lichtsignal des Straßenverkehrs

Ein Lichtsignal erteilt durch seine Signalanzeigen verschiedene Befehle an die Verkehrsteilnehmer (Abb. 36):

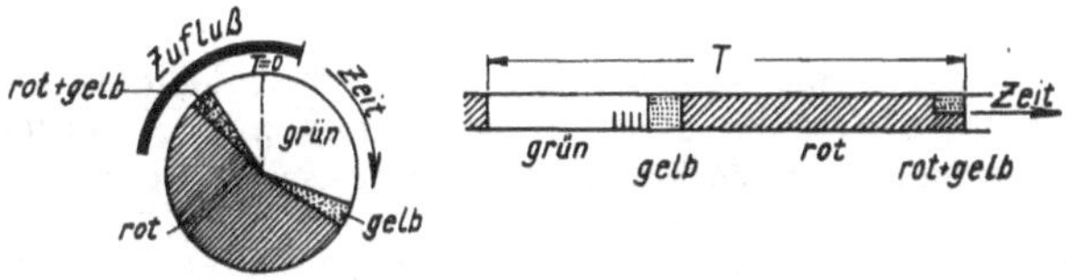

Abb. 36. Darstellung der Signalanzeigen durch eine Signaluhr (*a*) und durch einen Signalstreifen (*b*).

a) Sperrung der Durchfahrt (*r* = Sperrzeit)

gelb = Sperrung der Einfahrt, Verlassen des Konfliktbereiches (3 bis 5 s),

rot = Sperrung der Einfahrt,

rot-gelb = Sperrung der Einfahrt, Vorbereitung auf die Freigabe (ca. 3 s);

b) freie, gesicherte Durchfahrt (g = Öffnungszeit)

kontinuierlich grün = freie Durchfahrt,

grün blinkend = letzter Abschnitt der freien Durchfahrt (ca. 4 s). Dieser Teil der Öffnungszeit entspricht der Zeit, in der das Fahrzeug vor dem Signal aus voller Fahrt zum Stillstand gebracht werden kann.

Die Lichtsignale für die Fußgänger und für Schienenfahrzeuge (Straßenbahn) zeigen meist nur die Sperrung und die Öffnung (= Startzeit) ohne Übergang an.

Die Folge der Signalanzeigen kann sein

a) periodisch mit gleichbleibender Periodendauer T (Festzeit-Steuerung), wobei

$$T = r + g\,, \tag{107}$$

b) veränderlich entsprechend dem Verkehrsbedürfnis (verkehrsabhängige Steuerung).

2. Grundsätze der Signalsteuerung

Die Signalregelung eines Verkehrsknotens hat zum Ziele

a) die Leistungsfähigkeit gegenüber der Vorfahrtregelung zu erhöhen,

b) die Sicherheit zu vergrößern, indem die möglichen Konfliktpunkte (Abb. 37) teilweise oder ganz durch zeitliche Trennung der Verkehrsströme ausgeschaltet werden.

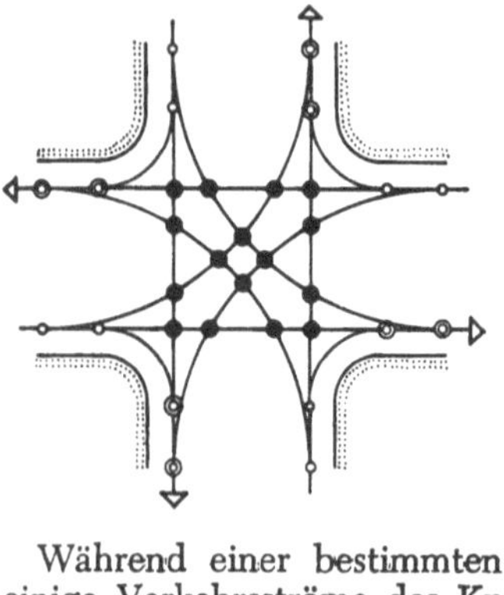

Abb. 37. Konfliktpunkte innerhalb einer Kreuzung von zwei 2-Bahn-Straßen:
16 Kreuzungspunkte
8 Einfädelungspunkte
8 Ausfädelungspunkte.

Während einer bestimmten Zeitdauer (*Phase*) erhalten einige Verkehrsströme des Knotens, die miteinander keine Konfliktpunkte aufweisen, freie Durchfahrt. In der restlichen Zeit des Signalzyklus ist für diese Ströme die Durchfahrt gesperrt, während andere Ströme freie Durchfahrt erhalten.

Die Sicherheit verlangt, daß die Signalsteuerung folgende Bedingungen erfüllt:

1. Ein Fahrzeug, das am Beginn der Öffnungszeit ein Signal mit der zulässigen Höchstgeschwindigkeit durchfährt, darf nicht durch das Ende eines Verkehrsstromes der vorhergehenden Phase behindert werden.

2. Ein Fahrzeug, das am Ende der Öffnungszeit an der Haltelinie eines Signals aus dem Stand anfährt und das Signal durchfährt, darf keinen Verkehrsstrom der nachfolgenden Phase behindern (s. Punkt 1), sofern es eine durchschnittliche Anfahrbeschleunigung erreichen kann. In diesem Falle ist die geringste Anfahrbeschleunigung aller in dem Verkehrsstrom vorhandenen Fahrzeugarten bei den vorherrschenden Fahrbahnverhältnissen zugrunde zu legen. Ihre Größe ist einerseits durch die spezifische Motorleistung und andererseits durch die Haftreibung zwischen den Triebrädern und der Fahrbahn begrenzt (Abb. 38).

Diese Grundsätze gelten auch für die Straßenbahn und für die Fußgänger.

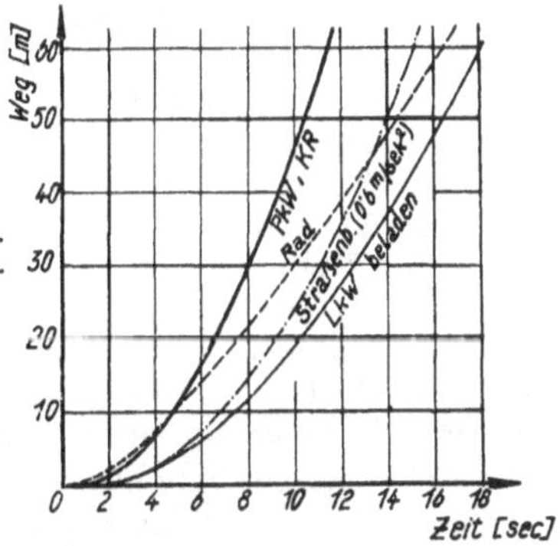

Abb. 38. Mittlere Anfahrdiagramme verschiedener Fahrzeugarten.

Die Bedingungen 1 und 2 verlangen, daß die einzelnen Phasen nicht immer unmittelbar aneinanderschließen können. Zwischen je zwei aufeinanderfolgenden Phasen entsteht ein *Phasenverlust*. Während dieser Zeit ist an den Signalen beider Verkehrsströme die Durchfahrt gesperrt. Die Phasenverluste ergeben sich aus der Wegstrecke, die die Verkehrsströme innerhalb des Konfliktbereiches zurücklegen müssen, und sind nach den Gesetzen der Fahrdynamik zu bestimmen.

3. Die Signalzufahrt

Der Verkehrsablauf in einer mehrspurigen Signalzufahrt gliedert sich in drei Abschnitte (Abb. 39):

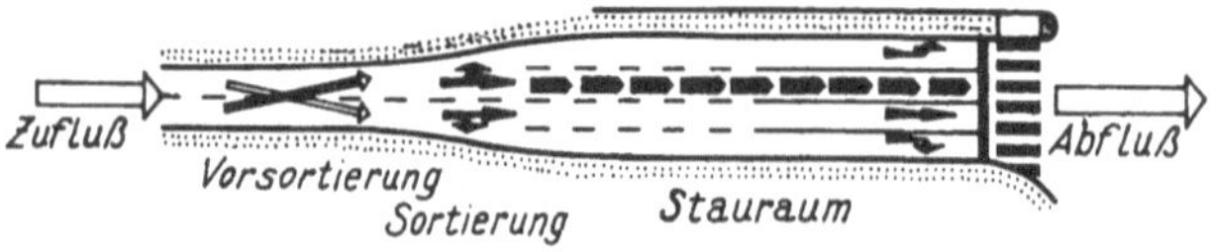

Abb. 39. Die Signalzufahrt (Schema).

1. In der freien Strecke vor dem Stauraum erfolgt eine *Vorsortierung* der Teilströme des gesamten Verkehrsstromes durch Verflechten.

2. Unmittelbar vor dem Stauraum des Signales liegt der Bereich der *Sortierung*, in dem sich die abbiegenden und geradeaus fahrenden Ströme durch Ausfädeln trennen.

3. Im *Stauraum*, der vor der Haltlinie des Signals liegt, warten die Fahrzeuge auf die Öffnung des Signales, wobei sie in Spuren hintereinander mit den kleinsten, möglichen Fahrzeugabständen stehen.

Die Sortierung kann nicht vollständig erfolgen, wenn nicht genügend viele Zufahrtspuren vorhanden sind. Spuren mit *gemischtem Fahrzeugstau* (Abb. 40) sind nur unter bestimmten Bedingungen anwendbar:

a) Gemeinsame Rechtsabbiege- und Geradeausspuren ergeben einen Kollisionspunkt mit vorhandenen Fußgängerströmen, die zur gleichen Phase gehören. Die Leistungsfähigkeit dieser Spuren wird vermindert und die Verkehrssicherheit beeinträchtigt. Sie sind anwendbar, wenn entweder der Anteil der Abbieger relativ gering ist und der durchsetzte Fußgängerstrom gering ist oder eine eigene Phase erhält, oder die Rechtsab-

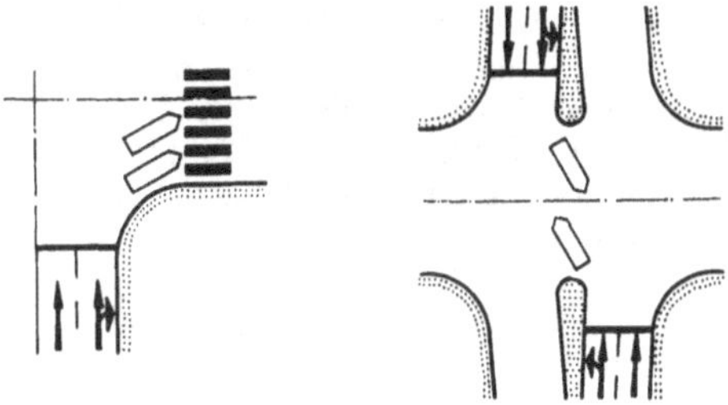

Abb. 40. Signalzufahrten mit gemischtem Fahrzeugstau.

bieger vor dem Durchsetzen des Fußgängerweges einen geschützten Stauraum erhalten.

b) Gemeinsame Linksabbiege- und Geradeausspuren können (z. B. bei Kreuzungen) Konfliktpunkte mit anderen Verkehrsströmen derselben Phase (z. B. mit dem Gegenverkehr) ergeben. Sie sind daher nur zulässig, wenn entweder keine Konfliktpunkte entstehen oder die Linksabbieger vor den Konfliktpunkten (z. B. im Schutz einer Insel) einen eigenen Stauraum innerhalb des Knotens erhalten und durch ein zweites Signal gesteuert werden, oder wenn sich in dem Phasenstrom des Gegenverkehrs ausreichende Zeitlücken bieten. Es verbleibt ein vorfahrtgeregelter Konfliktpunkt innerhalb des signalgeregelten Knotens.

Die *Spurbreite* im Stauraum muß den Fahrzeugarten entsprechen. Besteht der Verkehrsstrom lediglich aus Personenwagen oder schmäleren Fahrzeugen, dann ist die Mindest-Spurbreite 2,75 m. Für Omnibusse und Lastwagen ist eine Mindest-Spurbreite von 3,50 m erforderlich. Stark gekrümmte Spuren erhalten einen Zuschlag zur Mindestbreite.

4. Die ideelle Leistungsfähigkeit einer Signalzufahrt

Eine Zufahrtspur eines Signales ist bis zur ideellen Leistungsfähigkeit belastet, wenn sich auf ihr während der Öffnungszeit eine Kolonne von Personenwageneinheiten mit optimaler Geschwindigkeit und mit kleinsten, zeitlichen

Abständen $a_{\min}$ bereits vom Beginn der Öffnungszeit an bewegt und das Signal passiert. Der kleinste beobachtete Zeitabstand beim Passieren eines Signales ist im Mittel $a_{\min} = 1{,}8$ s. Die ideelle Leistungsfähigkeit M_{0i} oder M_i einer Signal-Zufahrtspur beträgt daher, ausgedrückt in Personenwagen je Grünstunde,

$$M_{0i} = \frac{3600}{a_{min}} = 2000 \quad [\text{PKW/Grünstunde, Spur}] \qquad (108)$$

oder, ausgedrückt in Personenwagen je Stunde,

$$M_i = \frac{g}{T} M_{0i} = \frac{g}{T} 2000 . \quad [\text{PKW/Stunde, Spur}] \qquad (109)$$

Eine *Grünstunde* ist die Summe der einzelnen Öffnungszeiten aufeinanderfolgender Perioden, die eine Stunde ergibt.

5. Die mögliche Leistungsfähigkeit einer Signalzufahrt

Unter den vorhandenen Fahrbahnbedingungen kann die mögliche Leistungsfähigkeit einer Signalzufahrt erschöpft werden, wenn am Beginn jeder Öffnungszeit eine wartende Kolonne von Personenwagen startet und die Durchfahrt der Kolonne bis zum Ende andauert. Das setzt voraus, daß jedesmal ein genügend langer Fahrzeugstau vorhanden ist. Erfolgt der Signalzufluß ungleichmäßig, d. h. nach einem Wahrscheinlichkeitsgesetz für die Zeitabstände der Fahrzeuge, dann muß der Fahrzeugstau unendlich lang sein.

a) Die maßgebende Spurbreite

Beobachtungen ergaben, daß die Werte der Leistungsfähigkeit einer Signalzufahrt proportional sind der Zahl der Fahrspuren in der Signalzufahrt — vorausgesetzt, daß die Fahrbahn der Signalabfahrt ausreichend, d. h. mindestens ebenso breit ist, keinesfalls aber kleiner als 3,0 m je Spur — und näherungsweise auch der Zufahrtbreite B, wenn sie kein ganzes Vielfaches einer Spurbreite ist. Die Verkehrsmenge M_B einer Signalzufahrt kann daher auf eine einheitliche, maßgebende Spurbreite bezogen werden. Als maßgebende Spurbreite wird 3,00 m festgelegt. Man erhält die Verkehrsmenge M je Spur gemäß

$$M = \frac{M_B}{B} 3{,}00 \,; \quad B \text{ in } [\mathrm{m}]. \tag{110}$$

Die vorhandene Spurbreite kann von der maßgebenden Spurbreite abweichen.

b) Die Anfahrzeiten

Die zeitlichen Abstände beim Passieren der Haltlinie des Signales einer aus dem Stand anfahrenden Kolonne von Personenwagen weisen eine kausale Gesetzmäßigkeit auf. Das zeitliche Abflußintervall a beträgt je nach den örtlichen Verhältnissen 1,8 s bis 2,4 s. Die ersten Personenwagen jeder Kolonne benötigen jedoch mehr Zeit zum Anfahren als die nachfolgenden. Der Mehrbedarf der ersten Personenwagen gegenüber dem Intervall a ist der Anfahrverlust v der Öffnungszeit, der bei jeder Phase und Periodendauer gleich groß ist. Im Durchschnitt beträgt der Anfahrverlust $v = 2{,}0$ s, bei ungünstigen Fahrbahnverhältnissen bis $v = 4{,}0$ s. Diese Werte gelten für eine maßgebende Spurbreite von 3,00 m.

c) Die effektive Öffnungs- und Sperrzeit

Vermindert man die Öffnungszeit g um den Anfahrverlust v, so entsteht die *effektive Öffnungszeit* g^*, die der größtmöglichen Anzahl ν der Personenwagen proportional ist, die während einer Öffnungszeit abfließen können. Die *effektive Sperrzeit* r^* ist die um den Anfahrverlust v verlängerte Sperrzeit r. Es gilt

$$\left.\begin{aligned} r^* &= r + v \\ g^* &= g - v = \nu \cdot a \\ g^* + r^* &= g + r = T \end{aligned}\right\}. \tag{111}$$

Signalzu- und Abfahrtspuren, deren Krümmungshalbmesser kleiner als ca. 12 m ist, erfordern vergrößerte Abflußintervalle und Anfahrverluste. Ebenso benötigen in Spuren mit gemischtem Fahrzeugstau die abbiegenden Fahrzeuge vergrößerte Zeitintervalle. Derartige Signalzufahrtspuren können näherungsweise mit denselben Abflußintervallen berechnet werden wie gerade Spuren mit vollständiger Fahrzeugsortierung, wenn man statt dessen im entsprechenden Verhältnis die Verkehrsmengen in vergrößerte, scheinbare Verkehrsmengen umwandelt und diese der Berechnung des Phasenplanes zugrunde legt.

d) Die mögliche Leistungsfähigkeit

Die größte Anzahl M_{om} oder M_m der Personenwagen, die bei dauernd vorhandenem, unbegrenzt langem Stau abfließen können, beträgt, bezogen auf eine Grünstunde,

$$M_{om} = \frac{3600}{a} \cdot \frac{g-v}{g} \tag{112}$$

oder, bezogen auf eine Stunde (s. Abb. 44, 66),

$$M_m = \frac{3600}{a} \cdot \frac{g-v}{T} \,. \tag{113}$$

6. Die praktische Leistungsfähigkeit einer Signalzufahrt

Eine Signalzufahrt kann nicht bis zur Erschöpfung der möglichen Leistungsfähigkeit während einer größeren Zeitspanne belastet werden. Die Verkehrsbedingungen sollen für die Verkehrsteilnehmer erträglich bleiben, d. h.

der Fahrzeugstau soll den vorhandenen Stauraum nicht überschreiten,

die Wartezeiten sollen erträglich bleiben, usw.

Die größte Verkehrsmenge, die als Dauerbelastung diese Bedingungen erfüllt, ist die praktische Leistungsfähigkeit (Entwurfsleistungsfähigkeit).

a) Das stochastische Modell

Die Verhältnisse im Stauraum werden bestimmt durch das Gesetz der Zeitabstände der abfließenden Personenwagen, gemäß VI/5/b, und das Gesetz der Zeitabstände des Signalzuflusses.

1. *Gleichmäßiger Signalzufluß.* In seltenen Fällen treffen die Personenwagen am Signal in jeder Spur in gleich großen Zeitabständen ein (z. B. wenn die Verkehrsmenge so groß ist, daß sie an die mögliche Leistungsfähigkeit der freien Strecke vor der Zufahrt zum Stauraum heranreicht. Während jedes Zeitintervalles b treffen $m \cdot b$ Personenwagen ein).

2. *Zufallsbedingter Signalzufluß.* Das Wahrscheinlichkeitsgesetz der Zeitabstände des Signalzuflusses hängt von den örtlichen Verhältnissen ab. Da die in einer Spur zufließenden Personenwagen einen kleinsten Zeitabstand b nicht unterschreiten können, sind die einzelnen Ankünfte voneinander abhängig. Diese Abhängigkeit kann näherungsweise vernachlässigt werden. Unter dieser Voraussetzung kann während des Zeitintervalles b entweder ein Personenwagen mit der Wahrscheinlichkeit q, wobei

$$q = m \cdot b \,, \tag{114}$$

oder kein Personenwagen mit der Wahrscheinlichkeit $1 - q$ eintreffen, ohne Rücksicht darauf, ob im vorhergehenden Intervall eine Ankunft erfolgt ist oder nicht.

Die beobachteten Werte für das kleinste Zuflußintervall b unterscheiden sich im allgemeinen nur geringfügig vom mittleren Abflußintervall a. Dem stochastischen Modell für die Signalzufahrt wird daher die Annahme zugrunde gelegt, daß

$$b = a\,. \tag{115}$$

Ferner wird vorausgesetzt, daß die effektive Öffnungszeit und Sperrzeit ein ganzes Vielfaches des Zu- und Abflußintervalles sind

$$\left.\begin{aligned} r^* &= \mu \cdot a \\ g^* &= \nu \cdot a \end{aligned}\right\}. \tag{116}$$

3. *Signalgesteuerter Zufluß.* Ein Signalzufluß, der ein vorhergehendes Signal passiert hat, weist teilweise gleich-

mäßige Zeitabstände a auf, teilweise aber zufällige Zeitabstände $a > t$. Die Zeitabstände gehorchen teilweise einem Kausalgesetz, teilweise einem Zufallsgesetz.

b) Fahrzeugstau und Wartezeiten

Der größte Fahrzeugstau tritt bei gleichmäßigem und auch bei zufallsbedingtem Zufluß gemäß VI/6/a/2 kurze Zeit nach dem Ende der Sperrzeit, jedoch noch vor dem Beginn der effektiven Öffnungszeit ein. Man kann näherungsweise annehmen, daß er ohne Rücksicht auf das Anfahrgesetz der ersten Fahrzeuge einer startenden Kolonne stets am Ende der effektiven Sperrzeit am größten ist.

Die Länge des Fahrzeugstaues einer Spur berechnet man aus der Anzahl n der gestauten Personenwageneinheiten und dem Platzbedarf einer wartenden Personenwageneinheit. Der Platzbedarf besteht aus einer durchschnittlichen Fahrzeuglänge und dem mittleren Fahrzeugabstand, und er beträgt 5,0 bis 6,0 m je Personenwageneinheit.

1. *Gleichmäßiger Signalzufluß.* Während der effektiven Sperrzeit treffen $r^* \cdot m$ Personenwagen ein und werden gestaut; zum Abfließen brauchen sie die Zeit $r^* \cdot m\,a$ (Abb. 41).

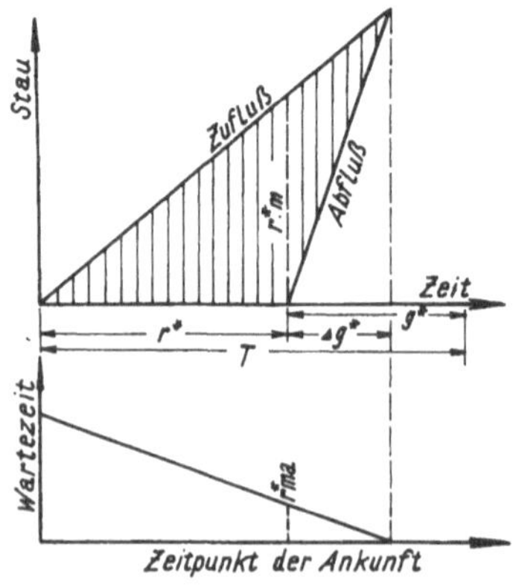

Abb. 41. Stau- und Wartezeiten bei gleichmäßigem Signalzufluß.

Während jeder Periode kann der Fahrzeugstau $r^* \cdot m$ einer Spur bis zum Ende der Öffnungszeit abfließen, wenn die mögliche Leistungsfähigkeit nicht überschritten wird, wenn also

$$(g^* + r^*)\, m \leqq \frac{g^*}{a}\,. \tag{117}$$

Der Stau fließt während des Anteiles Δg^* der effektiven Öffnungszeit ab. Dieser ist aus dem Vergleich des Zu- und Abflusses

$$\frac{\Delta g^*}{a} = (r^* + \Delta g^*)\, m \tag{118}$$

zu berechnen. Demnach ist während der Zeit

$$r^* + \Delta g^* = \frac{r^*}{1 - m\,a} \tag{119}$$

ein Fahrzeugstau vorhanden. Die Wahrscheinlichkeit, daß ein eintreffender Personenwagen warten muß, beträgt

$$\frac{r^* + \Delta g^*}{T} = \frac{r^*}{T}\,\frac{1}{1 - m\,a}\,. \tag{120}$$

Die Wartezeiten w liegen zwischen 0 und r^*. Aus Abb. 41 ist zu entnehmen, daß ihre Häufigkeitsverteilung eine Gleichverteilung ist. Die mittlere Wartezeit der wartenden Personenwagen beträgt daher $r^*/2$. Die mittlere Wartezeit $E(w)$ aller Personenwagen berechnet man gemäß

$$E(w) = \frac{(r^* + \Delta g^*)\, m \cdot \frac{r^*}{2}}{T \cdot m} = \frac{T}{2}\left(\frac{r^*}{T}\right)^2 \cdot \frac{1}{1 - a\,m}\,. \tag{121}$$

Die Summe der Wartezeiten W aller Personenwagen einer Spur, ausgedrückt in Stunden je Stunde, ist der mittleren Wartezeit proportional und beträgt

$$W = \frac{M}{3600}\, E(w) = \frac{T}{2\,a}\left(\frac{r^*}{T}\right)^2 \frac{a\,m}{1 - a\,m}\,. \tag{122}$$

2. *Zufallsbedingter Signalzufluß.* Vorausgesetzt wird, daß die Ankünfte der einzelnen Personenwagen im Stauraum voneinander unabhängig sind, so daß das Zufallsgesetz (114) gilt.

Der Zustand des Systems wird durch die Zahl n der im Stauraum wartenden Personenwagen beschrieben, die zeitlich veränderlich ist. Das Eintreffen eines Personenwagens kann im Verlaufe eines Intervalles erfolgen, das Abfließen hingegen während der effektiven Öffnungszeit stets am Ende eines Intervalles. In der effektiven Sperrzeit kann der Zustand i des Systems während eines Intervalles a in den Zustand $j = i + 1$ mit der Wahrscheinlichkeit q übergehen $(i, j = 0, 1, \ldots, n)$. Mit Hilfe der Matrix p_{ij} der Übergangswahrscheinlichkeiten vom Zustand i in den Zustand j während eines Intervalles

$$q_{ij} = \begin{pmatrix} 1-q & q & 0 & 0 & 0\cdots \\ 0 & 1-q & q & 0 & 0\cdots \\ 0 & 0 & 1-q & q & 0\cdots \\ \vdots & \vdots & \vdots & \vdots & \vdots \end{pmatrix} \tag{123}$$

kann aus den Zustandswahrscheinlichkeiten $R_i(0)$ am Beginn der Sperrzeit die Zustandswahrscheinlichkeit $R_n(ka)$ im k-ten Intervall $(k = 1, 2, \ldots, \mu)$ nach den Regeln der Matrizenrechnung*) berechnet werden,

$$R_n(ka) = R_i\,(0) \cdot q_{i, i_1} \cdot q_{j_1, j_2} \cdots q_{i_{k-1}, n} = R_i\,(0) \cdot (q_{i, n})^k . \tag{124}$$

Insbesondere erhält man die Zustandswahrscheinlichkeiten $R_n(r^*)$ am Ende der effektiven Sperrzeit für $k = \mu$

$$R_n(r^*) = R_i(0) \cdot (q_{i, n})^\mu , \tag{125}$$

wobei das μ-fache Produkt der Übergangsmatrix $q_{i,j}$ eine Binomial-Verteilung darstellt,

$$(q_{i, n})^\mu = \binom{\mu}{n-i} \cdot q^{n-i} \cdot (1-q)^{\mu-(n-i)} . \tag{126}$$

*) Über doppelt vorkommende Indizes des Produkts ist zu summieren (*Einsteinsche* Schreibweise).

In der effektiven Öffnungszeit geht ein Zustand i während eines Intervalles a in den Zustand $j = i$ oder $j = i - 1$ über. Die Matrix der Übergangswahrscheinlichkeiten p_{ij} eines Intervalles lautet daher

$$p_{i,j} = \begin{pmatrix} 1-q & q & 0 & 0 & 0 & \cdots \\ 1-q & q & 0 & 0 & 0 & \cdots \\ 0 & 1-q & q & 0 & 0 & \cdots \\ 0 & 0 & 1-q & q & 0 & \cdots \\ \vdots & \vdots & \vdots & \vdots & \vdots & \end{pmatrix}. \tag{127}$$

Aus den Wahrscheinlichkeiten $G_i(0)$ am Beginn der effektiven Öffnungszeit erhält man die Zustandswahrscheinlichkeiten $G_n(l\,a)$ des l-ten Intervalles

$$G_n(l\,a) = G_i(0) \cdot (p_{i,n})^l, \quad l = 0, 1, \ldots, \nu \tag{128}$$

und insbesondere die Zustandswahrscheinlichkeiten $G_n(g)$ am Ende der Öffnungszeit für $l = \nu$

$$G_n(g^*) = G_i(0) \cdot (p_{i,n})^\nu . \tag{129}$$

Die Bedingungen der Periodizität des Vorganges sind

$$\left.\begin{aligned} G_n(g^*) &= R_n(0) \\ G_n(0) &= R_n(r^*) \end{aligned}\right\} . \tag{130}$$

Die Zustandswahrscheinlichkeiten sind die Wurzeln des homogenen Gleichungssystems, das aus (130) mit (125) und (129) entsteht,

$$R_n(0) = R_i(0) \cdot (q_{i,j})^\mu \cdot (p_{j,n})^\nu \qquad \begin{aligned} i &= 0,1\,, \ldots, n \\ n &= 0,1\,, \ldots \infty \end{aligned} \tag{131}$$

und mit der Normierungsbedingung

$$\sum_{n=0}^{\infty} R_n(0) = \sum_{n=0}^{\infty} G_n(0) = 1 \tag{132}$$

zu berechnen. Die Lösungen sind eindeutig, wenn (117) erfüllt ist.

Die Wartezeit w eines Personenwagens, der in einem bestimmten Intervall eintrifft, läßt sich aus der Zahl n der in diesem Intervall gestauten Personenwagen eindeutig bestimmen. Die Verteilung $F(w)$ der Wartezeiten geht somit aus den Zustandswahrscheinlichkeiten hervor (Abb. 42). Sie weist Unstetigkeiten für $w = r^*$, $w = r^* + g^*$ usw. auf. Solange die Verkehrssättigung gering ist, ist sie einer Gleichverteilung ähnlich und es gelten näherungsweise die Ergebnisse für den gleichmäßigen Signalzufluß (VI/6/b/1).

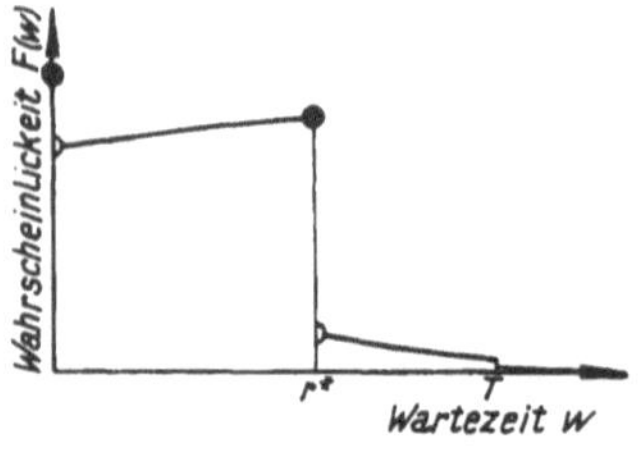

Abb. 42. Verteilung der Wartezeiten bei zufallsbedingtem Signalzufluß.

c) Kriterien für die praktische Leistungsfähigkeit

1. Überfüllung des Stauraumes. Die Wahrscheinlichkeit $R_{>n}(r^*)$, daß am Ende der effektiven Sperrzeit mehr als n Personenwagen je Spur gestaut sind, geht aus den Zustandswahrscheinlichkeiten $R_n(r^*)$ hervor,

$$R_{>n}^{(r^*)} = \sum_{i=n+1}^{\infty} R_i(r^*) \,. \tag{133}$$

Diese Überfüllungswahrscheinlichkeiten des Stauraumes zeigen ein charakteristisches Verhalten (Abb. 43). Sie besitzen einen Scheitel, der durchwegs im Bereiche von ca. $R_{>n}(r^*) = 0{,}01$ liegt. Jene Verkehrsmenge, die diesen Punkten entspricht, kann man als die praktische Leistungsfähigkeit M_{pr} einer Signalzufahrtspur betrachten, da die Überfüllung eines vorhandenen, begrenzten Stauraumes, die während 100 Perioden durchschnittlich einmal auftritt, hinreichende Sicherheit gewährleistet. In weniger gefährlichen Fällen kann man noch $R_{>n}(r^*) = 0{,}05$ zulassen. Die so definierte praktische Leistungsfähigkeit für die Periode $T = 60$ s ist aus Abb. 44 in Abhängigkeit vom

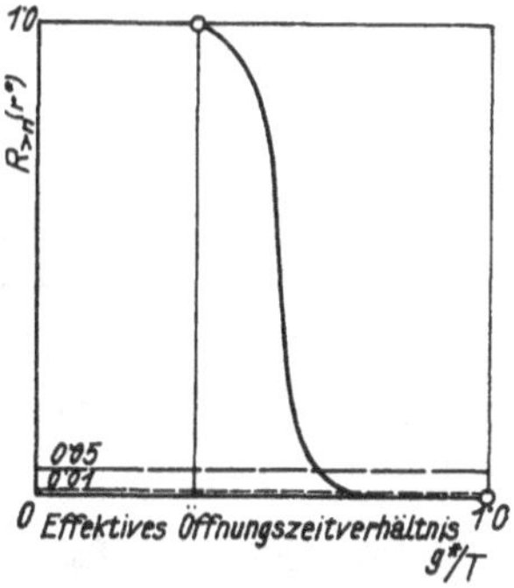

Abb. 43. Überfüllungswahrscheinlichkeit des Stauraumes für einen bestimmten Wert von n, T und M.

effektiven Öffnungsverhältnis zu entnehmen. Das Diagramm kann für andere Werte der Periodendauer T näherungsweise verwendet werden, wenn man annimmt, daß der größte Fahrzeugstau der effektiven Sperrzeit r^* pro-

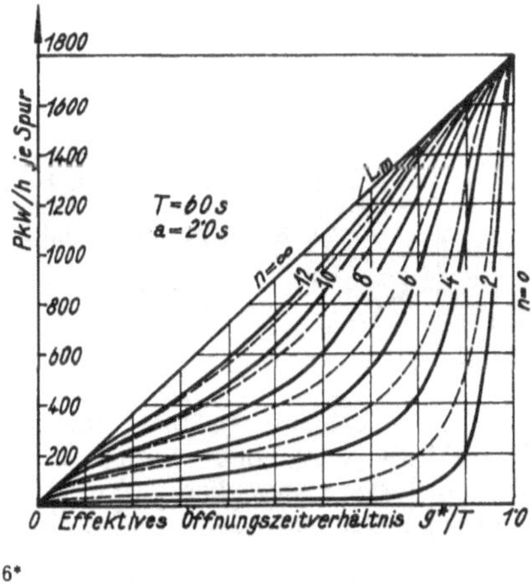

Abb. 44. Die praktische Leistungsfähigkeit einer Signal-Zufahrtspur für die Überfüllungswahrscheinlichkeit $R_{>n}(r^*) = 0{,}01$ (volle Linien) und 0,05 (strichlierte Linien) des vorhandenen Stauraumes, der n Personenwagen faßt.

portional ist. Man ersetzt dementsprechend den vorhandenen Stauraum mit n_T Personenwagen durch einen gedachten mit n_{60}, der der Periodendauer $T = 60$ s bei gleichem effektiven Sperrzeitverhältnis entsprechen würde, gemäß

$$n_{60} = \frac{60}{T} n_T . \tag{134}$$

2. *Überlastung der Öffnungszeit.* Es wird angestrebt, daß am Ende der Öffnungszeit keine Fahrzeuge im Stauraum warten. Die Wahrscheinlichkeit $P_ü$, daß ein wartender Personenwagen während der Öffnungszeit nicht abfließen kann, berechnet man aus den Zustandswahrscheinlichkeiten des letzten Intervalles der Öffnungszeit $G_n(g^*)$ gemäß

$$P_ü = \sum_{n=2}^{\infty} G_n(g^*) . \tag{135}$$

Sie ist eine Funktion der Periode T, der Verkehrsmenge M und des effektiven Öffnungszeitverhältnisses g^*/T (Abb. 45). Ihr Verhalten zeigt, daß innerhalb enger Grenzen ein aus-

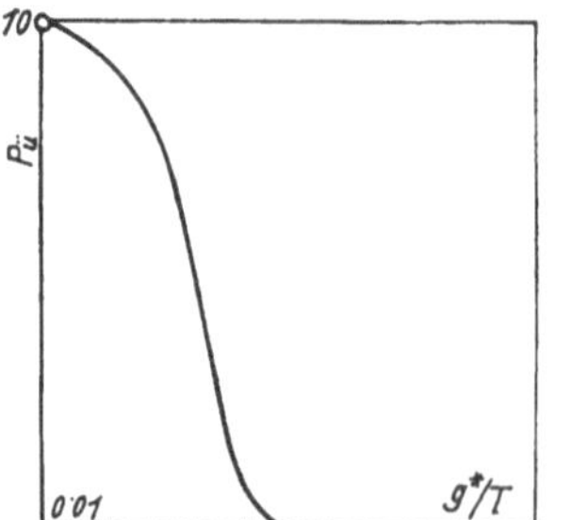

Abb. 45. Überlastungswahrscheinlichkeit der Öffnungszeit für einen bestimmten Wert von T und M.

gezeichneter Wert für die Verkehrsmenge bzw. für das effektive Öffnungszeitverhältnis angegeben werden kann. Ein Anwachsen der Verkehrsmenge über diesen Wert hinaus hat eine nahezu spontane Zunahme der Überlastungshäufigkeit zur Folge. Es zeigt sich, daß diese ausgezeichneten Werte im allgemeinen der Überlastungswahrscheinlichkeit $P_ü = 0{,}01$ entsprechen. Man kann diesen Wert als praktische Sicherheitsschranke gegen Überlasten betrachten und als Kriterium für die Ermittlung der praktischen Leistungsfähigkeit benützen (Abb. 46).

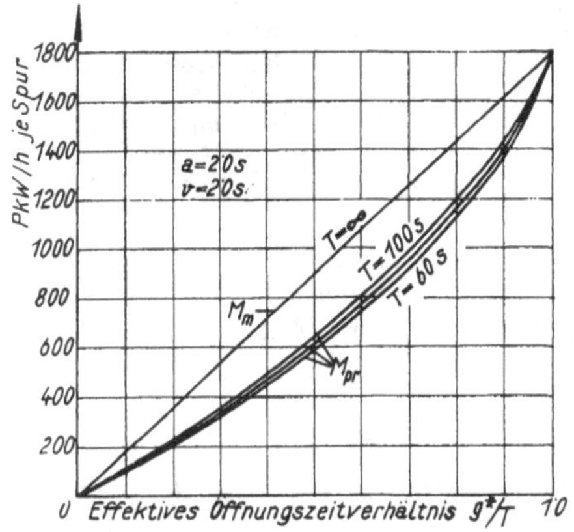

Abb. 46. Die praktische **Leistungsfähigkeit** einer Signal-Zufahrtspur für die Überlastungswahrscheinlichkeit $P_ü = 0{,}01$.

3. *Die Wartezeiten.* Die mittlere Wartezeit $E(w)$ aller Personenwagen einer Zufahrtspur kann im Hinblick auf die wirtschaftliche Bedeutung für die Ermittlung der praktischen Leistungsfähigkeit benützt werden (Abb. 47). Überschreitet die Verkehrsmenge einen ausgezeichneten Wert, so wächst die mittlere Wartezeit übermäßig; jenen ausgezeichneten Wert betrachtet man als die praktische Leistungsfähigkeit. Man erhält auf diese Weise eine praktische Leistungsfähigkeit, die sich von jener der Abb. 46 nicht wesentlich unterscheidet.

7. Die Periodendauer

a) Anfahr- und Phasenverluste

Der Anfahrverlust v stellt einen unveränderlichen Anteil jeder Phase dar. Entsprechend VI/2 können die Phasen, d. h. die Öffnungszeiten nicht immer unmittelbar aneinanderschließen. Zwischen zwei aufeinanderfolgenden äußeren Phasen (vgl. VI/8) entsteht ein Phasenverlust φ.

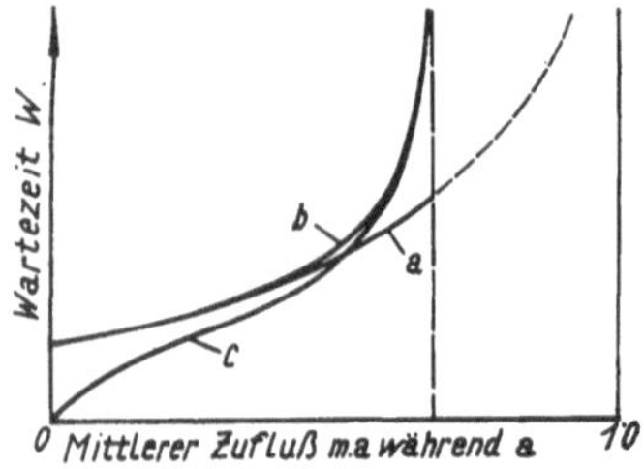

Abb. 47. Die mittlere Wartezeit (schematisch)
a... gleichmäßiger Signalzufluß,
b... zufallsbedingter Signalzufluß bei Festzeitsteuerung,
c... zufallsbedingter Signalzufluß bei automatischer verkehrsabhängiger Steuerung.

Während dieser Zeit sind die Zufahrten beider Phasen gesperrt. Für die Öffnungszeiten g_i der k Phasen des Systems ($i = 1, 2, \ldots, k$) verbleibt somit die Zeit

$$\sum_{i=1}^{k} g_i = T - \sum_{i=1}^{k} \varphi_i \,. \tag{136}$$

Die Werte der Leistungsfähigkeit sind durch die effektiven Öffnungszeitverhältnisse bestimmt; deren Summe ist

$$\sum_{i=1}^{k} \frac{g_i^*}{T} = 1 - \frac{1}{T}\left(\sum_{i=1}^{k} \varphi_i + k\,v\right). \tag{137}$$

Die Verminderung der möglichen und praktischen Leistungsfähigkeit durch die Anfahrverluste v und Phasenverluste φ_1 ist daher um so geringer, je größer die Periodendauer gewählt wird (Abb. 48).

b) Stau, Wartezeiten und Überlastung eines Signales

Der größte Fahrzeugstau, der während einer Periode auftritt, ist bei gleichmäßigem Signalzufluß proportional der effektiven Sperrzeit und der Periodendauer. Dies gilt näherungsweise auch für zufallsbedingten Signalzufluß.

Ist der Stauraum begrenzt, dann vermindern lange Perioden annähernd proportional die praktische Leistungsfähigkeit.

Die mittlere und die gesamte Wartezeit aller Personenwagen wächst proportional mit der Periodendauer gemäß (122) und (122). Es ist daher wirtschaftlich, die Periode signalgesteuerter Knoten mit großen Verkehrsmengen klein zu wählen. Wegen der leistungsmindernden Anfahr- und Phasenverluste existiert ein optimaler Wert der Periodendauer für einen Knoten hinsichtlich der Wartezeiten.

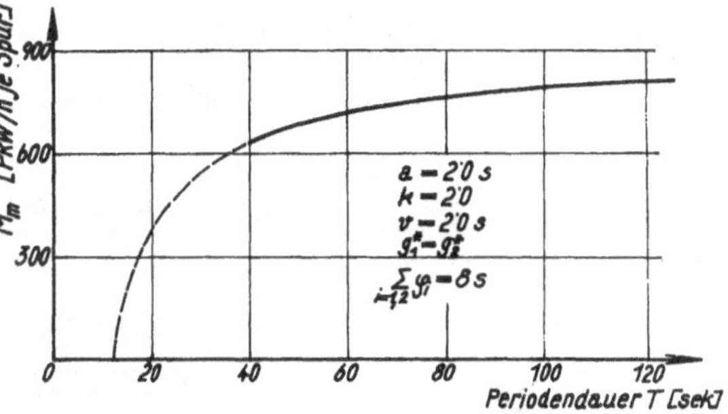

Abb. 48. Periodendauer und mögliche Leistungsfähigkeit einer Signal-Zufahrtspur (Beispiel).

Die praktische Leistungsfähigkeit, die sich aus den Kriterien für die Überfüllung des Stauraumes, der Überlastung der Öffnungszeit oder der mittleren Wartezeit ergibt, wird (vgl. Abb. 46) durch die Periodendauer geringfügig beeinflußt; lange Perioden sind günstiger als kurze, wenn der Signalzufluß zufallsbedingt ist.

c) Die Wahl der Periodendauer

Die Gestalt des Knotens und die Verkehrssättigung verlangen eine entsprechende Periodendauer. Ist die Sättigung der Signalzufahrten hinsichtlich der praktischen Leistungsfähigkeit gering, dann sind kurze Perioden vorteilhaft. Lange Perioden werden nur dann gewählt, wenn eine große Leistungsfähigkeit erreicht werden soll.

Einfache Knoten mit 2 Phasen und geringer Verkehrssättigung erhalten Perioden von $T = 45$ s bis 60 s. Ist der Verkehrsandrang groß, dann wählt man Perioden bis etwa $T = 80$ s. Für kompliziert geformte Knoten mit mehreren Phasen werden im allgemeinen keine längeren Perioden als $T = 100$ s gewählt.

8. Der Phasenablaufplan

a) Das Phasensystem

Ein Knoten mit bestimmten Verkehrsströmen erhält so viele Phasen, daß im allgemeinen keine Konfliktpunkte der Kraftfahrzeugströme (und Schienenverkehrsmittel) untereinander entstehen. Nach Möglichkeit sollen auch Konfliktpunkte mit Fußgängerströmen vermieden werden.

Eine Ausnahme sind Abbiegeströme (z. B. Linksabbieger an einer Kreuzung), die keine eigene Phase erhalten. Diese benützen Zeitlücken der zu querenden Ströme der gleichen Phase, um die Konfliktstelle zu durchfahren. Diese *unvollkommene*

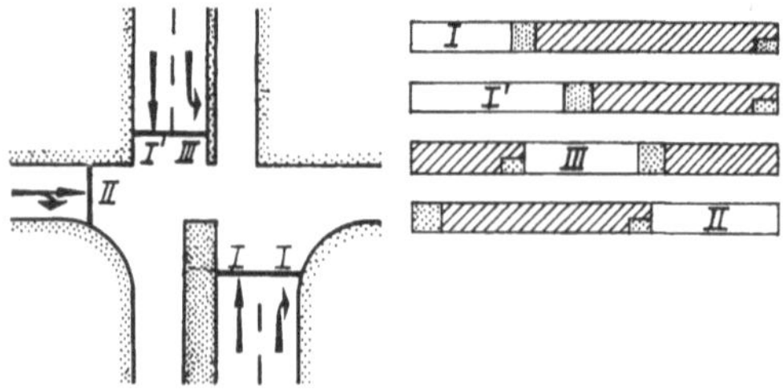

Abb. 49. Kreuzung einer Einbahnstraße mit einer Zweibahnstraße mit einem 3-Phasensystem. Die Phasen I und II greifen ineinander, die Öffnungszeiten der Signale I und I' der ersten Phase sind ungleich lang.

Signalisierung ist nur möglich und bietet nur dann ausreichende Sicherheit, wenn die Verkehrsmengen der Ströme mit gemeinsamen Konfliktpunkten klein sind, so daß deren Signale eine geringe Sättigung aufweisen.

Die Wahl des Phasensystems erfolgt nach dem Grundsatz, daß im Hinblick auf die Phasenverluste die Zahl der Hauptphasen ein Minimum sein soll.

Ineinandergreifende Phasen werden verwendet, um bei geeigneter Form des Knotens verschieden großen Verkehrsströmen Rechnung zu tragen, die Phasenverluste zu vermindern und somit die Leistungsfähigkeit des Knotens zu steigern (Abb. 49).

Innere Zwischenphasen werden eingeschaltet, um die Zahl der äußeren Phasen (= Hauptphasen) des Systems zu verringern (Abb. 50).

Ungleich lange Öffnungszeiten der Signale einer Phase begünstigen bei unterschiedlichen Verkehrsmengen je Spur die Anordnung ineinandergreifender Phasen oder innerer Zwischenphasen (Abb. 49, 50).

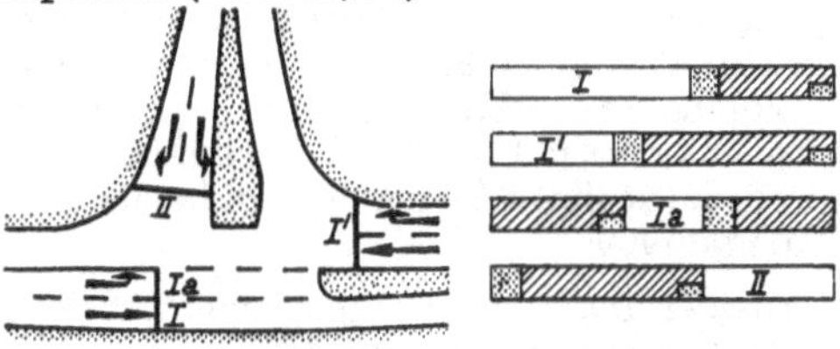

Abb. 50. Abzweigung mit einem 2-Phasensystem. Die Öffnungszeiten der ersten Phase sind ungleich. Die Phase I a ist eine innere Zwischenphase.

b) Die Phasenberechnung

1. *Die Phasenverluste.* Die zwischen zwei aufeinanderfolgenden Phasen entstehenden Phasenverluste sind mit Hilfe der fahrdynamischen Gesetze zu bestimmen. Dabei müssen die *kleinsten* Anfahrbeschleunigungen, die von den Fahrzeugen der betrachteten Verkehrsströme unter den ungünstigsten Fahrbahnbedingungen noch erreicht werden können, zugrunde gelegt werden. Außerdem ist die größte Länge der vorhandenen Fahrzeuge (Lastwagenzüge, Straßenbahnzüge usw.) zu berücksichtigen.

2. *Die Öffnungszeiten.* Die um die Phasenverluste jener (äußeren) Phasen, die aufeinanderfolgen, verminderte Periodendauer ist auf die Öffnungszeiten der Phasen aufzuteilen. Dabei gelten folgende Grundsätze:

aa) Die maßgebende Verkehrsmenge ist jene, die täglich während der Spitzenstunde auftritt.

bb) Der maßgebende unter den Verkehrsströmen, die zu einer Phase gehören, ist jener, der auf die maßgebende Spurbreite von 3,00 m bezogen am größten ist.

cc) Die praktische Leistungsfähigkeit soll an keiner Signalzufahrt von der Verkehrsmenge überschritten werden.

dd) Soferne die Tagesganglinie und die zu erwartende zeitliche Verkehrszunahme aller Signalfahrten relativ gleich sind, soll der Sättigungsgrad aller maßgebenden Signalzufahrten hinsichtlich der praktischen Leistungsfähigkeit gleich groß gewählt werden.

ee) Ausnahmen von der Forderung dd) können gemacht werden, wenn die maßgebenden Verkehrsströme der einzelnen Phasen große Unterschiede aufweisen. Um die Summe aller Wartezeiten zu verkleinern, soll... Signalzufahrten mit starken Verkehrsströmen eine geringere Sättigung erhalten als solche mit schwachen Verkehrsströmen.

Der *Sättigungsgrad* γ einer Signalzufahrt ist das Verhältnis der Verkehrsmenge zur praktischen Leistungsfähigkeit

$$M_i = \gamma \cdot M_{i\,pr}\,; \quad \gamma \leqq 1\,; \quad i = 1, 2, \ldots, k\,. \tag{138}$$

Die praktische Leistungsfähigkeit M_{pr} ist eine nicht lineare Funktion des effektiven Öffnungszeitverhältnisses g^*/T,

$$M_{pr} = M_{pr}\left(\frac{g^*}{T}\right). \tag{139}$$

Um zu erreichen, daß alle maßgebenden Signalzufahrten der k äußeren Phasen eines Knotens den gleichen Sättigungsgrad γ aufweisen, müssen die folgenden Bedingungen erfüllt sein:

$$\left.\begin{aligned} M_1 : M_2 : \ldots : M_k &= M_{1\,pr}\left(\frac{g_1^*}{T}\right) : M_{2\,pr}\left(\frac{g_2^*}{T}\right) : \ldots : M_{k\,pr}\left(\frac{g_k^*}{T}\right) \\ \sum_{i=1}^{k} g_i^* &= T - \sum_{i=1}^{k} \varphi_i - k\,v\,. \end{aligned}\right\} \tag{140}$$

Die Gleichungen (140) sind durch Probieren zu lösen. Näherungswerte für die Lösungen g_i^*/T sind

$$\frac{g_i^*}{T} \approx \frac{M_i}{\sum_{i=1}^{k} M_i} - \frac{v}{T} - \frac{1}{kT} \sum_{i=1}^{k} \varphi_i . \tag{141}$$

3. *Die Leistungsreserve.* Die Differenz aus der praktischen Leistungsfähigkeit und der vorhandenen Verkehrsmenge einer Signalzufahrt ist die absolute Leistungsreserve ΔM_i,

$$\Delta M_i = M_{i\,pr} - M_i . \tag{142}$$

Demnach beträgt die relative Leistungsreserve hinsichtlich der praktischen Leistungsfähigkeit, bezogen auf die vorhandene Verkehrsmenge M_i,

$$\frac{\Delta M_i}{M_i} = \frac{M_{i\,pr} - M_i}{M_i} = \frac{1-\gamma}{\gamma} . \tag{143}$$

Die relative, mögliche Verkehrszunahme hinsichtlich der praktischen Leistungsfähigkeit beträgt

$$\sigma = \frac{M_{i\,pr}}{M_i} = \frac{1}{\gamma} . \tag{144}$$

9. Verkehrsabhängige Steuerung

Die Wartezeiten und der Fahrzeugstau können verringert werden, wenn der Phasenablaufplan veränderlich gewählt und dem Verkehrsbedürfnis angepaßt wird. Die Steuerung kann individuell oder automatisch erfolgen.

Um bei der automatischen, verkehrsabhängigen Steuerung die Wartezeiten einzelner Fahrzeuge zu begrenzen, kann die Öffnungszeit jedes Signales zwischen einem Kleinstwert g_{min} und einem Größtwert g_{max} verändert werden. Dementsprechend schwankt die Periodendauer zwischen zwei Grenzen T_{min} und T_{max}.

Nähert sich die Verkehrsmenge aller Signalzufahrten des Knotens der möglichen Leistungsfähigkeit, dann ist an allen Signalen g_{max} vorhanden, und der Phasenablauf entspricht einer Festzeitsteuerung mit der Periode T_{max}. Die Berechnung der größten Öffnungszeiten g_{max} kann daher so erfolgen wie für eine Festzeitsteuerung, wobei anstatt der praktischen Leistungsfähigkeit näherungsweise die mögliche Leistungsfähigkeit zugrunde gelegt werden kann.

Die mittlere Wartezeit und der Fahrzeugstau sind bei verkehrsabhängiger Steuerung kleiner als bei Festzeitsteuerung (Abb. 47); die praktische Leistungsfähigkeit ist daher größer als bei Festzeitsteuerung. Die mögliche Leistungsfähigkeit von beiden Steuerungsarten ist hingegen gleich groß.

VII. Koordinierte Signalsteuerung

1. Koordinierungssysteme

Die Koordinierung aufeinanderfolgender signalgesteuerter Knoten hat den Zweck, das Anhalten eines Teiles des Fahrzeugstromes vor den Signalen zu vermeiden (= „Grüne Welle"). Dadurch werden die Zeitverluste verringert oder

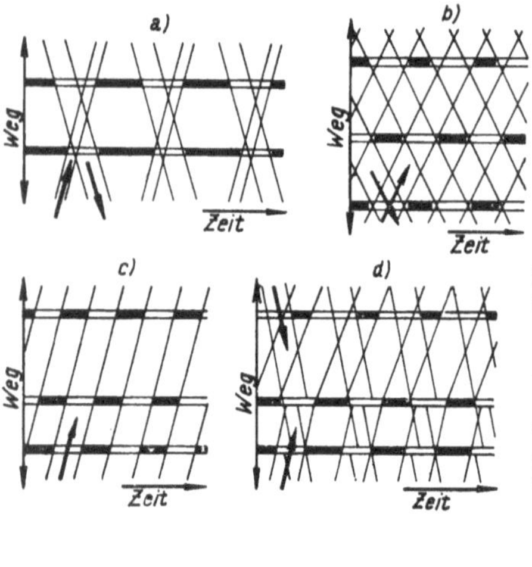

Abb. 51. Koordinierungssysteme von Signalen (Schema).
a . . . Simultansystem
b . . . Wechselsystem
c . . . Progressivsystem einer Einbahnstraße
d . . . Progressivsystem einer Zweibahnstraße.

ausgeschaltet und der Fahrzeugstau wird verkleinert oder vermieden. Die praktische Leistungsfähigkeit der Signalzufahrten wird vergrößert. Gelingt es, auch die Anfahrverluste auszuschalten, dann steigt auch die mögliche Leistungsfähigkeit und nähert sich der ideellen Leistungsfähigkeit der Fahrbahn der freien Strecke (vollständige Koordinierung). Für die Verkehrsteilnehmer ist die Koordinierung von Signalen ein wirtschaftlicher Gewinn.

1. *Das Simultansystem* (Synchronsystem). Aufeinanderfolgende Knoten mit kleinen Abständen, die von zwei Verkehrsströmen in beiden Richtungen durchfahren werden, weisen gleichzeitig die Öffnungs- oder Sperrzeit auf (Abb. 51 a).

2. *Das Alternativsystem* (Wechselsystem). Aufeinanderfolgende Knoten, die von zwei Verkehrsströmen in beiden Richtungen durchfahren werden, weisen zu gleicher Zeit abwechselnd die Öffnungs- und Sperrzeit auf (Abb. 51 b). Es ist anwendbar, wenn der Abstand A der Knotenpunkte annähernd

$$A = \frac{T}{2} \cdot \frac{V}{3{,}6}\,, \tag{145}$$

T ... Periodendauer [s]
V ... Fahrgeschwindigkeit [km/h]

oder ein ganzes Vielfaches davon beträgt.

3. *Das Progressivsystem.* Es stellt die allgemeinste Form einer Koordinierung dar, die bei ungleichen Knotenabständen und bei Verkehrsströmen, deren Verkehrsmenge sich von Knoten zu Knoten verändert und in beiden Richtungen ungleich ist, verwendet wird (Abb. 51 d).

In Einbahnstraßen ist die Koordinierung im Progressivsystem zu verwenden (Abb. 51 c).

2. Verkehrsströme in koordinierten Systemen

Am Einfahrtsignal einer Kette koordinierter Signale treffen die Fahrzeuge mit im allgemeinen zufälligen Zeitabständen ein. Die am Beginn der Öffnungszeit gestauten Fahrzeuge fließen in einer Kolonne auf jeder Spur während des ersten Teiles der Öffnungszeit ab. Die während des restlichen Teiles eintreffenden Fahrzeuge passieren das Signal und schließen sich zum Großteil an die Kolonne an. An einem nachfolgenden Signal trifft dieser Fahrzeugstrom (Phasenstrom) mit einem Zeitabstand zwischen dem ersten und letzten Personenwagen ein, der der effektiven Öffnungszeit des vorhergehenden Signales entspricht. Dies gilt jedoch nur, wenn die Signalabstände verhältnismäßig kurz sind.

Die Verkehrsmenge der Verkehrsströme eines koordinierten Systems kann sich durch ein- und abbiegende Ströme an jedem Knoten verändern (Abb. 52), wobei die Veränderungen in den beiden Fahrtrichtungen verschieden sein können.

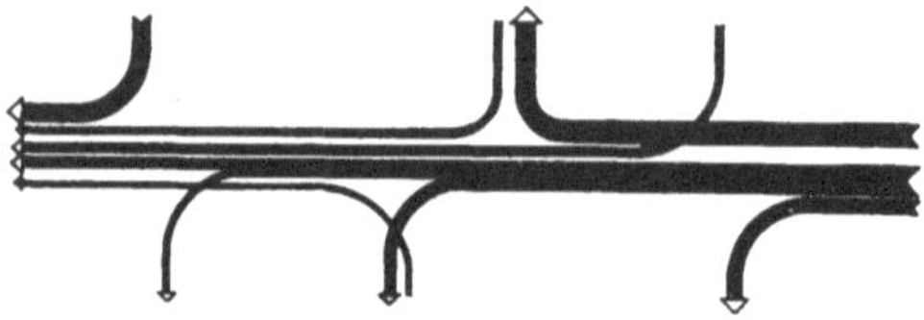

Abb. 52. Veränderung der Verkehrsmenge innerhalb einer koordinierten Signalfolge (Strombelastungsplan).

Die Koordinierung benachbarter Signale hat nicht nur die Verkehrsmengen der betreffenden Ströme, sondern auch die zeitlichen Fahrzeugabstände zu berücksichtigen.

Die an einem Knoten in den durchgehenden Strom einbiegenden, signalgesteuerten Ströme treffen im nachfolgenden Knoten im allgemeinen (außer sie können auf eigene

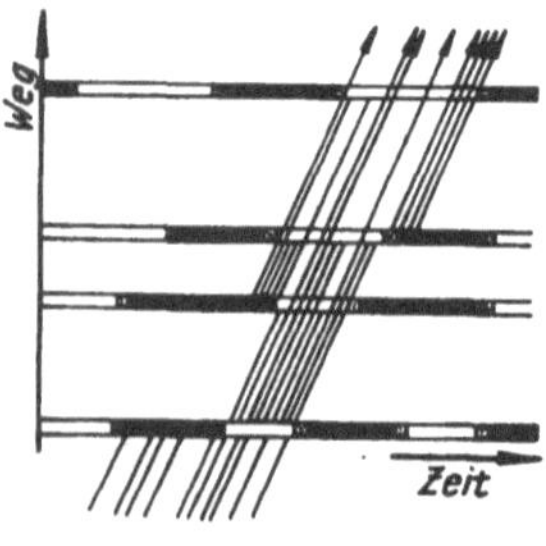

Abb. 53. Veränderung der Zeitabstände des Verkehrsstromes innerhalb einer koordinierten Signalfolge.

Fahrspuren verwiesen werden) vor oder nach dem durchgehenden Phasenstrom ein (Abb. 53).

Die an einem Knoten aus dem durchgehenden Strom ausfädelnden, abbiegenden Fahrzeuge sind in dem ersteren zufällig verteilt. Sie erzeugen daher nach dem Ausfädeln im durchgehenden Strom Zeitlücken, die einem Zufallsgesetz gehorchen. Die Streuung der Zeitlücken wird um so größer. je stärker der ausfädelnde Anteil ist. Durch Aufschließen und Überholen werden die verschieden großen Zeitlücken teilweise verändert. Die Zeitlücken eines durchgehenden Stromes in einem koordinierten Signalsystem nähert sich nach mehreren Knoten und bei starken Abbiegeströmen einem Zufallsgesetz, wenn er nicht an einzelnen Signalen wieder teilweise oder ganz angehalten wird. Der Bedarf an Öffnungszeit für den durchgehenden Strom (d. i. der Zeitabstand zwischen dem ersten und letzten Personenwagen eines Phasenstromes) wird daher von Knoten zu Knoten größer, auch wenn sich die Verkehrsmenge nicht ändert.

3. Grundsätze der Koordinierung

a) Der Phasenablaufplan

Die Voraussetzung einer Koordinierung ist die gleiche Periodendauer aller Signale. Man wählt meistens Perioden zwischen 60 und 80 Sekunden.

Die Fahrgeschwindigkeit soll innerhalb einer koordinierten Signalfolge konstant bleiben. Sie soll den örtlichen Fahrbahn- und Verkehrsverhältnissen angemessen gewählt werden. Für ungünstige Fahrbahnverhältnisse und dichter Verkehr eignet sich eine Geschwindigkeit zwischen 30 und 45 km/h, für gute Fahrbahnverhältnisse und durchschnittliche Verkehrsdichte hingegen eine Geschwindigkeit zwischen 45 und 60 km/h. Die der Konstruktion des Phasenablaufplanes zugrunde gelegte Fahrgeschwindigkeit soll den Verkehrsteilnehmern bei der Einfahrt in ein koordiniertes Signalsystem angezeigt werden und von ihnen eingehalten werden. Fahrzeuge mit zu kleiner Fahrgeschwindigkeit können am Ende eines Phasenstromes auf ein bereits gesperrtes Signal treffen. Durch das Anfahren bei Beginn der folgenden Öffnung des Signales stören sie den eintreffenden Phasenstrom und zwingen ihn zum Bremsen, so daß sie den Verkehrsfluß stören. Fahrzeuge mit zu großer Fahrgeschwindigkeit (an der Spitze eines Phasenstromes) treffen noch vor Beginn der Öffnungszeit am Signal ein und stören in gleicher Weise den Verkehrsablauf.

Die zeitlichen Abstände, bezogen auf Personenwagen, eines an einem Signal eintreffenden Phasenstromes entsprechen dem Abstand b der Kolonnenfahrt oder sind (bei geringer Verkehrssättigung) größer als b. Näherungsweise kann angenommen werden, daß die Zeitabstände beim Eintreffen jenen entsprechen, die der Phasenstrom beim Durchfahren des vorhergehenden Signales aufwies, $b = a$.

1. *Vollkommene Koordinierung.* Das Bremsen und Anhalten der an einem Signal eintreffenden Fahrzeuge wird vermieden, wenn die Vorbereitungszeit (rot-gelb) r_g und die Öffnungszeit g dieses Signales rechtzeitig beginnen. Die Vorbereitungszeit muß beginnen, wenn sich das erste Fahrzeug in der Bremsdistanz befindet. Die Bedingung für ihre Dauer ist

$$g + r_g \geqq g_0 + \frac{v}{p_b} \,. \tag{146}$$

Die Öffnungszeit des vorhergehenden Signales ist g_0. Meistens ist die Bremszeit $v/p_b > r_g$ so daß $g > g_0$.

Ist an dem vorhergehenden Knoten ein Verkehrsstrom in den durchgehenden Strom eingebogen, dessen Signal die Öffnungszeit g_{0e} aufweist, dann gilt

$$g + r_g \geqq g_0 + g_{0e} + \frac{v}{p_b} \,. \tag{147}$$

2. *Unvollkommene Koordinierung.* Sind die Bedingungen (146) bzw. (147) nicht erfüllt, dann wird ein Teil jedes eintreffenden Phasenstromes angehalten. Das Anfahren dieser gestauten Fahrzeuge soll zu einem Zeitpunkt erfolgen, bei dem der nachfolgend eintreffende Phasenstrom noch so weit vom Stauende entfernt ist, daß er seine Geschwindigkeit nicht vermindern muß. Dabei ist das Anfahrgesetz

der gestauten Fahrzeuge und die Länge des Staues zu berücksichtigen (Abb. 54). Der Phasenablauf soll so erfolgen, daß die Spitze eines Phasenstromes ohne Verminderung der Fahrgeschwindigkeit passieren kann. Ist die verfügbare Öffnungszeit für eine vollkommene Koordinierung aber nicht ausreichend, dann werden der letzte Teil

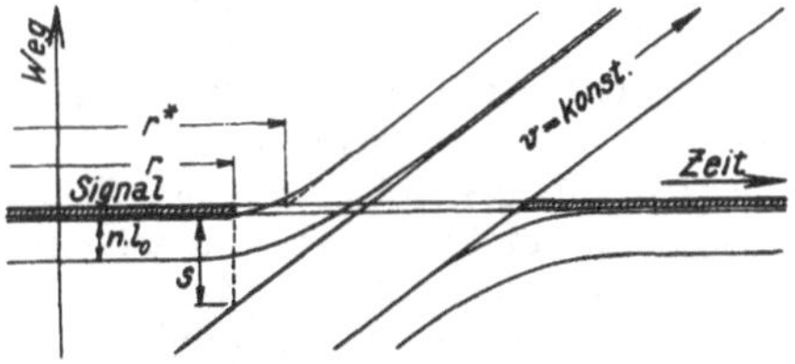

Abb. 54.
Zeit - Weg - Diagramm der Phasenströme innerhalb einer koordinierten Signalfolge bei unvollkommener Koordinierung.

des eintreffenden durchgehenden Phasenstromes und die am vorhergehenden Knoten einbiegenden Ströme gestaut.

Der Beginn der Öffnungszeit g ist derart festzulegen, daß der mit der Geschwindigkeit v eintreffende Phasenstrom die gestarteten, vorher gestauten Fahrzeuge nicht überholen kann. Maßgebend ist das letzte der n gestauten Personenwagen des größten Staues $n \cdot l_0$, dessen mittlere Anfahrbeschleunigung p_a ist. Die Öffnungszeit soll daher beginnen, wenn die eintreffende Spitze mindestens den Abstand s vom Signal hat, wobei

$$s = v\left(a + \frac{v^2}{2p_a}\right) + n\,l_0\,,\ n > 0\,. \tag{148}$$

Die Spitze passiert das Signal t Sekunden nach Beginn der Öffnungszeit, wobei

$$t = a + \frac{v}{2p_a} + \frac{n\,l_0}{v}\,. \tag{149}$$

b) Die Leistungsfähigkeit

Die Einfahrtsignale in ein koordiniertes System, deren Zufluß im allgemeinen zufallsbedingt erfolgt, sind gemäß VI zu behandeln.

Der phasengesteuerte Zufluß zu allen auf die Einfahrtsignale folgenden Signale gehorcht einem Kausalgesetz, durch das der größte Fahrzeugstau bestimmt ist.

1. Bei vollkommener Koordinierung entspricht die mögliche und praktische Leistungsfähigkeit der Signalzufahrt jener der freien Stecke (vgl. IV/3).

2. Bei unvollkommener Koordinierung ist die mögliche Leistungsfähigkeit der Signalfahrt wegen der Anfahrverluste gemäß VI/5 zu berechnen. Der Begriff der praktischen Leistungsfähigkeit ist nicht anwendbar.

Die Koordinierung von Signalen soll nach dem Grundsatz erfolgen, daß alle Signalzufahrten des durchgehenden Stromes eine mögliche Leistungsfähigkeit aufweisen, die jeweils die Summe der möglichen Leistungsfähigkeit aller vorhergehenden Signalzufahrten ist, durch die jene Teilströme fließen, die den durchgehenden Strom zusammensetzen. Für die Einfahrtsignale ist die praktische Leistungsfähigkeit der Konstruktion zugrunde zu legen.

Die für Einzelknoten gestellte Forderung nach gleicher Sättigung aller Signalzufahrten (vgl. VI/8) wird im allgemeinen in koordinierten Systemen nicht erfüllt, auch nicht beim Einfahrtsignal. Um die Summe aller Wartezeiten des Systems möglichst klein zu machen, verringert man fallweise die Sättigung der Signalzufahrten des durchgehenden Stromes.

4. Die Einfahrt in koordinierte Systeme

Der Unterschied zwischen der praktischen und möglichen Leistungsfähigkeit einer Signalzufahrt ergibt sich aus dem Gesetz der Zeitabstände des Signalzuflusses. Am günstigsten ist ein Kausalgesetz des Zuflusses, das so beschaffen ist, daß während der Sperrzeit keine Fahrzeuge am Signal eintreffen. In solchen Fällen wird die praktische Leistungsfähigkeit der Signalzufahrt nahezu so groß wie die mögliche Leistungsfähigkeit. Es entsteht kein Anfahrverlust, da kein Stau vorhanden ist. Bei Beginn der Vorbereitungszeit muß das erste Fahrzeug noch um die Bremsweglänge vom Signal entfernt sein.

Das Gesetz der Zeitlücken kann indirekt künstlich beeinflußt werden, indem den Fahrzeugen die Fahrgeschwindigkeit vorgeschrieben wird. In einer bestimmten Entfernung *A* von dem Signal wird ein Signal mit Geschwindigkeitsanzeige angeordnet, das in regelmäßigen Zeitab-

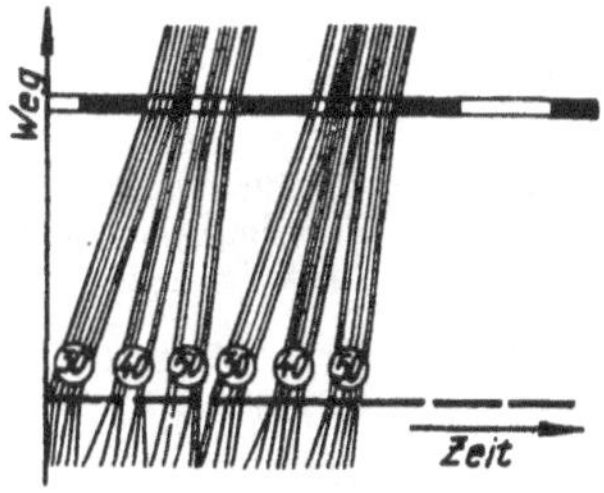

Abb. 55. „Grüner Trichter" eines Einfahrtsignales in ein koordiniertes System mit Geschwindigkeitssignalen.

ständen die Anzeige wechselt, z. B. 30, 40, 50 km/h, usw. (Abb. 55). Vernachlässigt man die Brems- und Beschleunigungsvorgänge, so erhält man den Abstand *A* aus der Sperrzeit r des Einfahrtsignales, aus der kleinsten Geschwindigkeit v_{min} und aus der größten Geschwindigkeit v_{max}, die das Geschwindigkeitssignal anzeigt, gemäß

$$A = \frac{r + \Delta g}{\frac{1}{v_{min}} - \frac{1}{v_{max}}} \tag{150}$$

Dabei ist Δg die Differenz aus der Bremszeit, die v_{min} entspricht und der Vorbereitungszeit r_g

$$\Delta g = \frac{v_{min}}{p_b} - r_g\,. \tag{151}$$

Das Geschwindigkeitssignal muß die gleiche Periodendauer erhalten wie das Einfahrtsignal. Um den Abstand *A* gemäß (150) zu verringern, wählt man eine möglichst kleine Periodendauer, so daß auch r klein wird.

Literatur

zur Einführung und Vertiefung in die Leistungsberechnung der Straßenverkehrstechnik.

Greenshields, B. D., Schapiro, D., Ericksen, E. L.: "Traffic Performance at Urban Street Intersections". Yale Bureau of Highway Traffic, Techn. Rep. No. 1, 1947.

Highway Research Board: "Highway Capacity Manual". Bureau of Public Roads, Washington 1950.

Grabe, W.: „Leistungsermittlung von nicht lichtsignalgesteuerten Knotenpunkten des Straßenverkehrs". Forschungsarbeiten aus dem Straßenwesen, Neue Folge H. 11, Bielefeld 1954.

Pampel, F.: „Ein Beitrag zur Berechnung der Leistungsfähigkeit von Straßen". Forschungsarbeiten aus dem Straßenwesen, Neue Folge H. 15, Bielefeld 1955.

Matson, Th., Smith, W. S., Hurd, F. W.: "Traffic Engineering". New York/Toronto/London 1955.

Schlums, J.: „Straßenbau und Straßenverkehrstechnik", Taschenbuch für Bauingenieure, Bd. III, Berlin 1955.

Korte, J. W., Mäcke, P. A., Leutzbach, W.: „Die Leistungsfähigkeit von Verkehrsanlagen des motorisierten städtischen Straßenverkehrs". Forschungsberichte des Wirtschafts- und Verkehrsministeriums Nordrhein-Westfalen, Nr. 293, Köln 1956.

Korte, J. W., Mäcke, P. A., Lapierre, R.: „Grundlagen der Straßenverkehrsplanung in Stadt und Land". Berlin 1960. 2. Aufl.

Register

Alternativsystem 95
Anfahrverluste 75, 85
Anfahrzeiten 75
Ausbaugeschwindigkeit 21, 34
Ausfädeln 43, 45

Binomialverteilung 27

Dauerlinie 40
Dichtefunktion 19
Dichteverteilung 19

Einfädeln 42, 44, 62
Einheitsfahrzeug 5, 9
Einstein'sche Summationsregel 80
Erwartungswert 19, 22, 23, 26
Exponentialverteilung 21, 25

Fahrbahnbedingungen 28
Fahrgeschwindigkeit 13, 18
Fahrspurbreite 36, 74
Fahrtwiderstände 14
Fahrzeit 14
Fahrzeugarten 7, 8

Ganglinie 9
Geschwindigkeitssignal 99
Geschwindigkeitsverteilung 18, 39
Grabe, Formel von 53
Grenzzeitlücke 47

Häufigkeitslinie 9, 40
Häufigkeitsverteilung 46
Höchstgeschwindigkeit 35

Konfliktpunkte 70
Koordinierung von Signalen 92
Kreuzen 42

Leistungsfähigkeit, ideelle — 28
mögliche — 28
praktische — 28
Leistungsreserven 29, 61, 91
Lichtsignal 69

Merkmal 18
Mittelwert 20
Motorisierungsgrad 12
Motorzugkraft 13

Normalverteilung 18, 19

Öffnungszeit, effektive — 69, 75

Pampel, Methode von 39
Personenwagen-Einheit 9, 36
Phase 70
Phasenstrom 94
Phasenverluste 71, 86, 89
Planungszeitraum 11
Poisson'sches Gesetz 23, 28
Prognose des Verkehrs 11, 12
Progressivsystem 92

Querschnittbelastungsplan 10
Querschnittzählungen 8, 10

Randverteilung 23
Reaktionszeit 43
Reibungszugkraft 13

Sättigungsgrad 29, 55, 58, 59, 90
Signalsteuerung 69
Simultan (Synchron-) system 93
Sperrzeit, effektive 69
Spezifische Motorzugkraft 13
Spezifischer Treibstoffverbrauch 16
Spurbreite 37, 73, 74
Stau 55, 72, 78, 82
Steigerungsfaktor 61
Störung 24, 25
Streuung 19, 22
Strombelastungsplan 10
Stromzählungen 8, 10
Summenfunktion 19, 22

Überholvorgang 31
Ungestörter Strom 21, 53

Verflechten 45, 65
Verkehrsabhängige Signalsteuerung 70, 91
Verkehrsbedingungen 28
Verkehrsdichte 5
Verkehrsmenge 5
Verkehrsstrom 5, 10
Virtuelle Wagenlänge 24
Vorbereitungszeit 69, 96

Wartezeit 57, 59, 78, 82, 86
Wechselsystem 93

Zeitabstand, kleinster 32, 50
Zeitlücken 21, 46
Zugkraftdiagramm 15, 16
Zustandswahrscheinlichkeit 56
Zwischenphase 89

Sammlung Göschen

Gesamtverzeichnis

Jeder Band DM 3,60 · Doppelband DM 5,80
Dreifachband DM 7,80

Herbst 1967

Walter de Gruyter & Co · Berlin 30

Die Bände der **Sammlung Göschen** vermitteln in konzentrierter Form den grundlegenden Stoff für das Studium der einzelnen wissenschaftlichen Disziplinen. Sie sind nicht nur Hilfsmittel für die Arbeit an Universitäten und Hochschulen, sondern auch vorzüglich geeignet für Fachschulen, Arbeitskreise und zum Selbststudium. Die Fülle des Materials hat sich besonders für die Vorbereitung zu Examina und Prüfungen bewährt. Auch eine schnelle Orientierung geht hier niemals auf Kosten der Gründlichkeit.

Inhaltsübersicht

Biologie 16
Botanik 17
Chemie 15
Deutsche Sprache u. Literatur . . 7
Elektrotechnik 19
Englisch 8
Erd- u. Länderkunde 10
Geologie 18
Germanisch 8
Geschichte 6
Griechisch 9
Hoch- u. Tiefbau 22
Indogermanisch 8
Kartographie 10
Kristallographie 18
Kunst 5
Land- u. Forstwirtschaft 18
Lateinisch 9
Maschinenbau 20
Mathematik 12
Mineralogie 18
Musik 5
Orientalistik 10
Pädagogik 4
Philosophie 3
Physik 14
Psychologie 4
Publizistik 10
Religion 4
Romanisch 8
Slavische Sprachen 10
Soziologie 4
Statistik 10
Technik 19
Technologie 16
Vermessungswesen 21
Wasserbau 22
Wirtschaft 10
Zoologie 17

Autorenregister 29
Bandnummernfolge 23

Geisteswissenschaften

Philosophie

Einführung in die Philosophie von H. Leisegang†. 6. Aufl. 146 S. 1956. (281)

Hauptprobleme der Philosophie von G. Simmel†. 8., unveränd. Aufl. 177 S. 1964. (500)

Geschichte der Philosophie

I: Die griechische Philosophie von W. Capelle. 1. Tl. Von Thales bis Leukippos. 3., erw. Aufl. Etwa 135 S. In Vorb. (857)

II: Die griechische Philosophie von W. Capelle. 2. Tl. Von der Sophistik bis zum Tode Platons. 3., stark erw. Aufl. Etwa 144 S. In Vorb. (858)

III: Die griechische Philosophie von W. Capelle. 3. Tl. Vom Tode Platons bis zur Alten Stoa. 2., stark erw. Aufl. 132 S. 1954. (859)

IV: Die griechische Philosophie von W. Capelle. 4. Tl. Von der Alten Stoa bis zum Eklektizismus im 1. Jh. v. Chr. 2., stark erw. Aufl. 132 S. 1954. (863)

V: Die Philosophie des Mittelalters von J. Koch. In Vorb. (826)

VI: Von der Renaissance bis Kant von K. Schilling. 234 S. 1954. (394/394a)

VII: Immanuel Kant von F. Kaulbach. In Vorb. (536)

VIII: Die Philosophie des 19. Jahrhunderts von G. Lehmann. 1. Tl. 151 S. 1953. (571)

IX: Die Philosophie des 19. Jahrhunderts von G. Lehmann. 2. Tl. 168 S. 1953. (709)

X: Die Philosophie im ersten Drittel des 20. Jahrhunderts 1. Tl. von G. Lehmann. 128 S. 1957 (845)

XI: Die Philosophie im ersten Drittel des 20. Jahrhunderts 2. Tl. von G. Lehmann. 114 S. 1960. (850)

Die geistige Situation der Zeit (1931) von K. Jaspers. 6. Abdr. der im Sommer 1932 bearb. 5. Aufl. 211 S. 1965. (1000)

Formale Logik von P. Lorenzen. 3., durchges. u. erw. Aufl. 184 S. 1967. (1176/1176a)

Philosophisches Wörterbuch von M. Apel†. 5., völl. neu bearb. Aufl. von P. Ludz. 315 S. 1958. (1031/1031a)

Philosophische Anthropologie. Menschliche Selbstdeutung in Geschichte und Gegenwart von M. Landmann. 2., durchges. Aufl. 223 S. 1964. (156/156a)

Pädagogik, Psychologie, Soziologie

Geschichte der Pädagogik von Herm. Weimer. 17., neubearb. Aufl. von Heinz Weimer 205 S. 1967. (145/145a)

Therapeutische Psychologie. Ihr Weg durch die Psychoanalyse von W. M. Kranefeldt M. e. Einf. von C. G. Jung. 3. Aufl. 152 S. 1956. (1034)

Allgemeine Psychologie von Th. Erismann†. 4 Bde.

I: Grundprobleme. 3. Aufl. 146 S. 1965. (831)

II: Grundarten des psychischen Geschehens. 2., neubearb. Aufl. 248 S. 1959. (832/832a)

III: Experimentelle Psychologie und ihre Grundlagen. 1. Tl. 2., neubearb. Aufl. 112 S., 7 Abb. 1962. (833)

IV: Experimentelle Psychologie und ihre Grundlagen. 2. Tl. 2., neubearb. Aufl. 199 S. 20 Abb. 1962. (834/834a)

Soziologie. Geschichte und Hauptprobleme von L. von Wiese. 8. Aufl. 183 S. 1967. (101/101a)

Ideengeschichte der sozialen Bewegung des 19. und 20. Jh. von W. Hofmann. 2. Aufl. In Vorb (1205/1205a)

Sozialpsychologie von P.R. Hofstätter. 3. Aufl. 191 S., 18 Abb. 1967. (104/104a)

Psychologie des Berufs und Wirtschaftslebens von W. Moede†. 190 S. 48 Abb. 1958. (851/851a)

Industrie- und Betriebssoziologie von R. Dahrendorf. 4. Aufl. 142 S., 3 Fig. 1967 (103)

Wirtschaftssoziologie von F. Fürstenberg. 122 S. 1961. (1193)

Einführung in die Sozialethik von H.-D. Wendland. 144 S. 1963. (1203)

Religion

Jesus von M. Dibelius†. 4. Aufl. m. e. Nachtr. von W. G. Kümmel. 140 S. 1966. (1130)

Paulus von M. Dibelius†. Nach dem Tode des Verf. hrsg. u. zu Ende gef. von W. G. Kümmel. 3., durchges. Aufl. 156 S. 1964. (1160)

Luther von F. Lau. 2., verb. Aufl. 153 S. 1966. (1187)

Melanchthon von R. Stupperich. 139 S. 1960. (1190)

Zwingli von F. Schmidt-Clausing. 119 S. 1965. (1219)

Schleiermacher. Leben und Werk von M. Redeker. In Vorb. (1177/1177a)

Sören Kierkegaard. Leben u. Werk von H. Gerdes. 134 S. 1966. (1221)

Einführung in die Konfessionskunde der orthodoxen Kirchen von K. Onasch. 291 S. 1962. (1197/1197a)

Geschichte des christlichen Gottesdienstes von W. Nagel. 215 S. 1962. (1202/1202a)

Geschichte Israels. Von den Anfängen bis zur Zerstörung des Tempels (70 n. Chr.) von E. L. Ehrlich. 2. Aufl. In Vorb. (231/231 a)

Römische Religionsgeschichte von F. Altheim. 2 Bde. 2., umgearb. Aufl.
I: Grundlagen und Grundbegriffe. 116 S. 1956. (1035)
II: Der geschichtliche Ablauf. 164 S. 1956. (1052)

Die Religion des Buddhismus von D. Schlingloff. 2 Bde.
I: Der Heilsweg des Mönchstums. 122 S., 11 Abb., 1 Kte. 1962. (174)
II: Der Heilsweg für die Welt. 129 S., 9 Abb., 1 Kte. 1963. (770)

Musik

Musikästhetik von H. J. Moser. 180 S. M. zahlr. Notenbeisp. 1953. (344)

Systematische Modulation von R. Hernried. 2. Aufl. 136 S. M. zahlr. Notenbeisp. 1950. (1094)

Der polyphone Satz von E. Pepping. 2 Bde.
I: Der cantus-firmus-Satz. 2. Aufl. 233 S. Mit zahlr. Notenbeisp. 1950. (1148)
II: Übungen im doppelten Kontrapunkt und im Kanon. 137 S. M. zahlr. Notenbeisp. 1957. (1164/1164 a)

Allgemeine Musiklehre von H. J. Moser. 2., durchges. Aufl. 155 S. M. zahlr. Notenbeisp. 1955. (220/220 a)

Harmonielehre von H. J. Moser. 2 Bde.
I: 109 S. M. 120 Notenbeisp. 1954. (809)
II: In Vorb. (810)

Die Musik des 19. Jahrhunderts von W. Oehlmann. 180 S. 1953. (170)

Die Musik des 20. Jahrhunderts von W. Oehlmann. 312 S. 1961. (171/171 a)

Technik der deutschen Gesangskunst von H. J. Moser. 3., durchges. u. verb. Aufl. 144 S., 5 Fig., sowie Tab. u. Notenbeisp. 1954. (576/576 a)

Die Kunst des Dirigierens von H. W. von Waltershausen†. 2., verm. Aufl. 138 S. M. 19 Notenbeisp. 1954. (1147)

Die Technik des Klavierspiels aus dem Geiste des musikalischen Kunstwerkes von K. Schubert†. 3. Aufl. 110 S. M. Notenbeisp. 1954. (1045)

Kunst

Stilkunde von H. Weigert. 2 Bde.
I: Vorzeit, Antike, Mittelalter. 4. Aufl. Etwa 136 S., 94 Abb. In Vorb. (80)
II: Spätmittelalter und Neuzeit. 3., durchges. u. erg. Aufl. 150 S., 88 Abb. 1958. (781)

Archäologie von A. Rumpf. 3 Bde.
I: Einleitung, historischer Überblick. 143 S., 6 Abb., 12 Taf. 1953. (538)
II: Die Archäologensprache. Die antiken Reproduktionen. 136 S., 7 Abb., 12 Taf. 1956. (539)
III: In Vorb. (540)

Geschichte

Einführung in die Geschichtswissenschaft von P. Kirn. 5., bearb. u. erg. Aufl. von J. Leuschner. 127 S. 1968. (270/270a)

Einführung in die Zeitgeschichte von B. Scheurig. 101 S. 1962. (1204)

Zeitrechnung der römischen Kaiserzeit, des Mittelalters und der Neuzeit für die Jahre 1—2000 n. Chr. von H. Lietzmann†. 3. Aufl., durchges. von K. Aland. 130 S. 1956. (1085)

Kultur der Urzeit von F. Behn. 3 Bde. 4. Aufl. der Kultur der Urzeit Bd. 1—3 von M. Hoernes.

I: Die vormetallischen Kulturen. (Die Steinzeiten Europas. Gleichartige Kulturen in anderen Erdteilen.) 172 S., 48 Abb. 1950. (564)

II: Die älteren Metallkulturen. (Der Beginn der Metallbenutzung, Kupfer- und Bronzezeit in Europa, im Orient und in Amerika.) 160 S., 67 Abb. 1950. (565)

III: Die jüngeren Metallkulturen. (Das Eisen als Kulturmetall, Hallstatt-Latène-Kultur in Europa. Das erste Auftreten des Eisens in den anderen Weltteilen.) 149 S. 60 Abb. 1950. (566)

Vorgeschichte Europas von F. Behn. Neuaufl. In Vorb. (42)

Der Eintritt der Germanen in die Geschichte von J. Haller†. 3. Aufl., durchges. von H. Dannenbauer. 120 S. 6 Kartensk. 1957. (1117)

Von den Karolingern zu den Staufern. Die altdeutsche Kaiserzeit (900—1250) von J. Haller†. 5., durchges. Aufl. von H. Dannenbauer. 142 S., 4 Ktn. 1968. In Vorb. (1065)

Von den Staufern zu den Habsburgern. Auflösung des Reichs und Emporkommen der Landesstaaten (1250—1519) von J. Haller†. 2., durchges. Aufl. von H. Dannenbauer 118 S., 6 Kartensk. 1960. (1077)

Deutsche Geschichte im Zeitalter der Reformation, der Gegenreformation und des dreißigjährigen Krieges von F. Hartung. 2., durchges. Aufl. 128 S. 1963. (1105)

Deutsche Geschichte von 1648—1740. Politischer und geistiger Wiederaufbau von W. Treue. 120 S. 1956 (35)

Deutsche Geschichte von 1713—1806. Von der Schaffung des europäischen Gleichgewichts bis zu Napoleons Herrschaft von W. Treue. 168 S. 1957. (39)

Deutsche Geschichte von 1806—1890. Vom Ende des alten bis zur Höhe des neuen Reiches von W. Treue. 128 S 1961. (893)

Deutsche Geschichte von 1890 bis zur Gegenwart von W. Treue. In Vorb. (894)

Quellenkunde der Deutschen Geschichte im Mittelalter (bis zur Mitte des 15. Jahrhunderts) von K. Jacob† 3 Bde.

I: Einleitung Allgemeiner Teil. Die Zeit der Karolinger. 6. Aufl., bearb. von H. Hohenleutner 127 S. 1959. (279)

II: Die Kaiserzeit (911—1250). 5. Aufl., neubearb. von H. Hohenleutner. 141 S. 1961. (280)

III: Das Spätmittelalter (vom Interregnum bis 1500). Hrsg. von F. Weden. 152 S. 1952. (284)

Geschichte Englands von H. Preller. 2 Bde.
I: bis 1815. 4., erw. Aufl. Etwa 135 S., 7 Stammtaf., 2 Ktn. 1967. (375/375 a)
II: Von 1815 bis 1910. 2., völl. umgearb. Aufl. 118 S., 1 Stammtaf., 7 Ktn. 1954. (1088)

Römische Geschichte von F. Altheim. 4 Bde. 2., verb. Aufl.
I: Bis zur Schlacht bei Pydna (168 v. Chr.). 124 S. 1956. (19)
II: Bis zur Schlacht bei Actium (31 v. Chr.). 129 S. 1956. (677)
III: Bis zur Schlacht an der Milvischen Brücke (312 n. Chr.). 148 S. 1958. (679)
IV: Bis zur Schlacht am Yarmuk (636 n. Chr.). In Vorb. (684)

Geschichte der Vereinigten Staaten von Amerika von O. Graf zu Stolberg-Wernigerode. 192 S., 10 Ktn. 1956. (1051/1051 a)

Deutsche Sprache und Literatur

Geschichte der deutschen Sprache von H. Sperber. 5., neubearb. Aufl. von P. von Polenz. 136 S. 1966. (915)

Deutsches Rechtschreibungswörterbuch von M. Gottschaldt†. 2., verb. Aufl. 269 S. 1953. (200/200 a)

Deutsche Wortkunde. Kulturgeschichte des deutschen Wortschatzes von A. Schirmer. 5. Aufl. von W. Mitzka. 125 S. 1965. (929)

Deutsche Sprachlehre von W. Hofstaetter. 10. Aufl. Völl. Umarb. der 8. Aufl. 150 S. 1960. (20)

Stimmkunde für Beruf, Kunst und Heilzwecke von H. Biehle. 111 S. 1955. (60)

Redetechnik. Einführung in die Rhetorik von H. Biehle. 2., erw. Aufl. 151 S. 1961. (61)

Grundlagen der Sprecherziehung von J. Jesch. 93 S., 8 Abb. 1967. (1122)

Deutsches Dichten und Denken von der germanischen bis zur staufischen Zeit von H. Naumann†. (Deutsche Literaturgeschichte vom 5.—13. Jahrhundert.) 3., verb. Aufl. In Vorb. (1121)

Deutsches Dichten und Denken vom Mittelalter zur Neuzeit von G. Müller (1270 bis 1700). 3., durchges. Aufl. In Vorb. (1086)

Deutsches Dichten und Denken von der Aufklärung bis zum Realismus (Deutsche Literaturgeschichte von 1700—1890) von K. Viëtor†. 3., durchges. Aufl. 159 S. 1958. (1096)

Deutsche Heldensage von H. Schneider. 2. Aufl., bearb. von R. Wisniewski. 148 S. 1964. (32)

Der Nibelunge Nôt in Auswahl. Mit kurzem Wörterbuch hrsg. von K. Langosch. 11., durchges. Aufl. 166 S. 1966. (1)

Kudrun und Dietrich-Epen in Auswahl mit Wörterbuch von O. L. Jiriczek. 6. Aufl., bearb. von R. Wisniewski. 173 S. 1957. (10)

Wolfram von Eschenbach, Parzifal. Eine Auswahl mit Anmerkungen und Wörterbuch von H. Jantzen. 3. Aufl., bearb. von H. Kolb. 128 S. 1966. (921)

Hartmann von Aue. Der arme Heinrich nebst einer Auswahl aus der „Klage" dem „Gregorius" und den Liedern (mit einem Wörterverzeichnis) hrsg. von F. Maurer. 2. Aufl. 96 S. 1968. Im Druck. (18)

Gottfried von Straßburg. Tristan und Isolde in Auswahl hrsg. von F. Maurer. 2. Aufl. 142 S. 1965. (22)

Die deutschen Personennamen von M. Gottschald†. 2., verb. Aufl. 151 S. 1955. (422)

Althochdeutsches Elementarbuch. Grammatik und Texte von H. Naumann† u. W. Betz. 4., verb. u. verm. Aufl. 183 S. 1967. (1111/1111 a)

Mittelhochdeutsche Grammatik von H. de Boor u. R. Wisniewski. 5., durchges. Aufl. 150 S. 1967. (1108)

Indogermanisch, Germanisch

Indogermanische Sprachwissenschaft von H. Krahe. 2 Bde.
I: Einleitung und Lautlehre. 5. Aufl. 110 S. 1966. (59)
II: Formenlehre. 4., neubearb. Aufl. 100 S. 1963. (64)

Sanskrit-Grammatik mit sprachvergleichenden Erläuterungen von M. Mayrhofer. 2., völl. neu bearb. Aufl. 110 S. 1965. (1158/1158a)

Altirische Grammatik von J. Pokorny. 2. Aufl. 1968. (896/896a)

Gotisches Elementarbuch. Grammatik. Texte mit Übersetzung und Erläuterungen von H. Hempel. 4., neubearb. Aufl. 169 S. 1966. (79/79a)

Altnordisches Elementarbuch. Einführung, Grammatik, Texte (zum Teil mit Übersetzung) und Wörterbuch von F. Ranke. 3., völl. umgearb. Aufl. von D. Hofmann. 205 S. 1967. (1115/1115a/1115b)

Germanische Sprachwissenschaft von H. Krahe. 3 Bde.
I: Einleitung und Lautlehre. 6. Aufl. 147 S. 1966. (238)
II: Formenlehre. 6. Aufl. 149 S. 1967. (780)
III: Wortbildungslehre von W. Meid. 270 S. 1967. (1218/1218a/1218b)

Englisch, Romanisch

Altenglisches Elementarbuch. Einführung, Grammatik, Texte mit Übersetzung und Wörterbuch von M. Lehnert. 6., verb. Aufl. 178 S. 1965. (1125)

Mittelenglisches Elementarbuch von H. Weinstock. 1967. In Vorb. (1226/1226 a/1226 b)

Historische neuenglische Laut- und Formenlehre von E. Ekwall. 4., verb. Aufl. 150 S. 1965. (735)

Englische Phonetik von H. Mutschmann†. 2. Aufl., bearb. von G. Scherer. 127 S. 1963. (601)

Englische Literaturgeschichte von F. Schubel. 4 Bde.
I: Die alt- und mittelenglische Periode. 2., neubearb. Aufl. 189 S. 1967. (1114/1114a)
II: Von der Renaissance bis zur Aufklärung. 160 S. 1956. (1116)
III: Romantik und Viktorianismus. 160 S. 1960. (1124)

Beowulf. Eine Auswahl mit Einführung, teilweiser Übersetzung, Anmerkungen und etymologischem Wörterbuch von M. Lehnert. 4., verb. Aufl. 135 S. 1967. (1135)

Shakespeare von P. Meißner†. 2. Aufl., neubearb. von M. Lehnert. 136 S. 1954. (1142)

Romanische Sprachwissenschaft von H. Lausberg. 4 Bde.
I: Einleitung und Vokalismus. 2., durchges. Aufl. 211 S. 1963. (128/128a)
II: Konsonantismus. 2., durchges. Aufl. 95 S. 1967. (250)
III: Formenlehre. 1. Teil. 99 S. 1962. (1199)
III: Formenlehre. 2. Teil. S. 99—260. 1962. (1200/1200a)
IV: Wortlehre. In Vorb. (1208)

Griechisch, Lateinisch

Griechische Sprachwissenschaft von W. Brandenstein. 3 Bde.
I: Einleitung, Lautsystem, Etymologie. 160 S. 1954. (117)
II: Wortbildung und Formenlehre. 192 S. 1959. (118/118a)
III: Syntax I. Einleitung. Die Flexibilien. 145 S. 1966. (924/924a)

Geschichte der griechischen Sprache. 2 Bde.
I: Bis zum Ausgang der klassischen Zeit von O. Hoffmann und A. Debrunner. 4., neubearb. Aufl. von A. Scherer. 1968. (111/111a)
II: Grundfragen und Grundzüge des nachklassischen Griechisch von A. Debrunner. 2. Aufl., bearb. von A. Scherer. 1968. (114/114a)

Geschichte der griechischen Literatur von W. Nestle. 2 Bde. 3. Aufl., bearb. von W. Liebich.
I: 144 S. 1961. (70)
II: 149 S. 1963. (557)

Grammatik der neugriechischen Volkssprache von J. Kalitsunakis. 3., wes. erw. u. verb. Aufl. 196 S. 1963. (756/756a)

Neugriechisch-deutsches Gesprächsbuch von J. Kalitsunakis. 2. Aufl., bearb. von A. Steinmetz. 99 S. 1960. (587)

Geschichte der lateinischen Sprache von F. Stolz u. A. Debrunner†. 4., stark umgearb. Aufl. von W. P. Schmid. 145 S. 1966. (492/492a)

Geschichte der römischen Literatur von L. Bieler. 2., verb. Aufl. 2 Bde.
I: Die Literatur der Republik. 160 S. 1965. (52)
II: Die Literatur der Kaiserzeit. 133 S. 1965. (866)

Orientalistik, Slavistik

Die Keilschrift von B. Meissner. 3. Aufl., neubearb. von K. Oberhuber. Etwa 150 S. 1967. (708/708a/708b)

Die Hieroglyphen von A. Erman. 3. Aufl., neu bearb. von O. Krückmann. 1968. In Vorb. (608/608a/608b)

Hebräische Grammatik von R. Meyer. 3 Bde.
I: Einleitung, Schrift- und Lautlehre. 3., neubearb. Aufl. 120 S. 1966. (763/763a/763b)
II: Formenlehre und Flexionstabellen. 3. Aufl. In Vorb. (764/764a/764b)
III: Satzlehre. In Vorb. (765/765a/765b)

Hebräisches Textbuch zu G. Beer-R. Meyer, Hebräische Grammatik von R. Meyer. 170 S. 1960. (769/769a)

Slavische Sprachwissenschaft von H. Bräuer. 2 Bde.
I: Einleitung, Lautlehre. 221 S. 1961 (1191/1191a)
II: Formenlehre. 1. Tl. 1968. (1192/1192a)

Vergleichende Geschichte der slavischen Literaturen von D. Tschižewskij. 2 Bde. In Vorb.
I: Einführung. Anfänge des slavischen Schrifttums bis zum Klassizismus. (1222/1222a)
II: Romantik bis zur Moderne. (1223/1223a)

Russische Grammatik von E. Berneker†. 6., verb. Aufl. von M. Vasmer†. 155 S. 1961. (66)

Polnische Grammatik von N. Damerau. 139 S. 1967. (942/942a)

Erd- und Länderkunde, Kartographie

Afrika von F. Jaeger. Ein geographischer Überblick. 2 Bde. 3. Aufl.
I: Der Lebensraum. 179 S., 18 Abb. In Vorb. (910)
II: Mensch und Kultur. 155 S., 6 Abb. In Vorb. (911)

Australien und Ozeanien von H. J. Krug. 176 S., 46 Sk. 1953. (319)

Kartographie von V. Heissler. 2. Aufl. 213 S., 125 Abb., 8 Anl. 1966. (30/30a)

Wirtschaft, Statistik, Publizistik

Allgemeine Betriebswirtschaftslehre von K. Mellerowicz. 4 Bde. 11. u. 12. durchges. Aufl.
I: 224 S. 1964. (1008/1008a)
II: 188 S. 1965. (1153/1153a)
III: 260 S. 1967. (1154/1154a)
IV: 209 S. 1963. (1186/1186a)

Allgemeine Volkswirtschaftslehre von A. Paulsen. 4 Bde.
I: Grundlegung, Wirtschaftskreislauf. 7. Aufl. 159 S., 11 Abb. 1966. (1169)
II: Haushalte, Unternehmungen, Marktformen. 7. Aufl. 172 S., 31 Abb. 1966. (1170)

III: Produktionsfaktoren. 5., neubearb. u. erg. Aufl. 228 S., 24 Abb. 1967. (1171/1171 a)
IV: Gesamtbeschäftigung, Konjunkturen, Wachstum. 4., neubearb. u. erg. Aufl. 188 S. 1966. (1172)

Übungsaufgaben mit Lösungen zu A. Paulsen, Allgemeine Volkswirtschaftslehre I/II von W. Wedig. 177 S. 1967. (1227/1227 a)

Geschichte der Volkswirtschaftslehre von S. Wendt. 2., neubearb. Aufl. Etwa 182 S. 1968. (1194/1194 a)

Allgemeine Volkswirtschaftspolitik von H. Ohm. 2 Bde.
I: Systematisch-Theoretische Grundlegung. 2., verb. u. erg. Aufl. 137 S., 6 Abb. 1965. (1195)
II: Der volkswirtschaftliche Gesamtorganismus als Objekt der Wirtschaftspolitik. 180 S. 1967. (1196/1196 a)

Finanzwissenschaft von H. Kolms. 4 Bde.
I: Grundlegung, Öffentliche Ausgaben. 3., verb. Aufl. 165 S. 1966. (148)
II: Erwerbseinkünfte, Gebühren und Beiträge, Allgemeine Steuerlehre. 3., verb. Aufl. 154 S. 1966. (391)
III: Besondere Steuerlehre. 2., verb. u. erg. Aufl. 205 S. 1967. (776/776 a)
IV: Öffentlicher Kredit. Öffentlicher Haushalt. Finanzausgleich. 191 S. 1964. (782/782 a)

Finanzmathematik von M. Nicolas. 2., verb. Aufl. 192 S., 11 Taf., 8 Tab. u. 72 Beisp. 1967. (1183/1183 a)

Programmierung von Datenverarbeitungsanlagen von H. J. Schneider u. D. Jurksch. 111 S., 8 Tab., 11 Abb. 1967. (1225/1225 a)

Lineare Programmierung von H. Langen. Etwa 200 S. (1206/1206 a)

Buchhaltung und Bilanz von E. Kosiol. 2., überarb. u. veränd. Aufl. 186 S. 1967. (1213/1213 a)

Industrie- und Betriebssoziologie von R. Dahrendorf. 4. Aufl. 142 S., 3 Fig. 1967. (103)

Wirtschaftssoziologie von F. Fürstenberg. 122 S. 1961. (1193)

Psychologie des Berufs- und Wirtschaftslebens von W. Moede†. 190 S. 48 Abb. 1958. (851/851 a)

Einführung in die Arbeitswissenschaft von H. H. Hilf. 169 S., 57 Abb. 1964. (1212/1212 a)

Allgemeine Methodenlehre der Statistik von J. Pfanzagl. 2 Bde.
I: Elementare Methoden unter besonderer Berücksichtigung der Anwendungen in den Wirtschafts- und Sozialwissenschaften. 4., verb. Aufl. 266 S., 51 Abb. 1967. (746/746 a)
II: Höhere Methoden unter besonderer Berücksichtigung der Anwendungen in Naturwissenschaften, Medizin und Technik. 3., verb. Aufl. 315 S., 41 Abb. 1968. (747/747 a)

Zeitungslehre von E. Dovifat. 2 Bde. 5., neubearb. Aufl.
I: Theoretische und rechtliche Grundlagen — Nachricht und Meinung —Sprache und Form. 162 S. 1967 (1039/1039 a)
II: Redaktion — Die Sparten: Verlag und Vertrieb, Wirtschaft und Technik — Sicherung der öffentlichen Aufgabe. 179 S. 1967. (1040/1040 a)

Naturwissenschaften

Mathematik

Geschichte der Mathematik von J. E. Hofmann. 4 Bde.
I: Von den Anfängen bis zum Auftreten von Fermat und Descartes. 2., verb. u. verm. Aufl. 251 S. 1963. (226/226a)
II: Von Fermat und Descartes bis zur Erfindung des Calculus und bis zum Ausbau der neuen Methoden. 109 S. 1957. (875)
III: Von den Auseinandersetzungen um den Calculus bis zur französischen Revolution. 107 S. 1957. (882)
IV: Geschichte der Mathematik der neuesten Zeit von N. Stuloff. In Vorb. (883)

Mathematische Formelsammlung von F. O. Ringleb. 8., verb. Aufl. 322 S., 40 Fig. 1967. (51/51a)

Vierstellige Tafeln und Gegentafeln für logarithmisches und trigonometrisches Rechnen in zwei Farben zusammengestellt von H. Schubert und R. Haussner. 3. neubearb. Aufl. von J. Erlebach. 158 S. 1960. (81)

Fünfstellige Logarithmen mit mehreren graphischen Rechentafeln und häufig vorkommenden Zahlenwerten von A. Adler. 4. Aufl., überarb. von J. Erlebach. 127 S., 1 Taf. 1962. (423)

Arithmetik von P. B. Fischer†. 3. Aufl. von H. Rohrbach. 152 S., 19 Abb. 1958. (47)

Höhere Algebra von H. Hasse. 2 Bde. 5., neubearb. Aufl.
I: Lineare Gleichungen. 150 S. 1963. (931)
II: Gleichungen höheren Grades. 158 S., 5 Fig. 1967. (932)

Aufgabensammlung zur höheren Algebra von H. Hasse u. W. Klobe. 3., verb. Aufl. 183 S. 1961. (1082)

Elementare und klassische Algebra vom modernen Standpunkt von W. Krull. 2 Bde.
I: 3., erw. Aufl. 148 S. 1963. (930)
II: 132 S. 1959. (933)

Algebraische Kurven und Flächen von W. Burau. 2 Bde.
I: Algebraische Kurven der Ebene. 153 S., 28 Abb. 1962. (435)
II: Algebraische Flächen 3. Grades und Raumkurven 3. und 4. Grades. 162 S., 17 Abb. 1962. (436/436a)

Einführung in die Zahlentheorie von A. Scholz†. Überarb. u. hrsg. von B. Schoeneberg. 4. Aufl. 128 S. 1966. (1131)

Formale Logik von P. Lorenzen. 3., durchges. u. erw. Aufl. 184 S. 1967. (1176/1176a)

Topologie von W. Franz. 2 Bde.
I: Allgemeine Topologie. 2., verb. Aufl. 144 S., 9 Fig. 1965. (1181)
II: Algebraische Topologie. 153 S. 1965. (1182/1182a)

Elemente der Funktionentheorie von K. Knopp†. 7. Aufl. 144 S., 23 Fig. 1966. (1109)

Funktionentheorie von K. Knopp†. 2 Bde. 11. Aufl.
I: Grundlagen der allgemeinen Theorie der analytischen Funktionen. 144 S., 8 Fig. 1965. (668)
II: Anwendungen und Weiterführung der allgemeinen Theorie. 130 S., 7 Fig. 1965. (703)

Aufgabensammlung zur Funktionentheorie von K. Knopp†. 2 Bde.
I: Aufgaben zur elementaren Funktionentheorie. 7. Aufl. 135 S. 1965. (877)
II: Aufgaben zur höheren Funktionentheorie. 6. Aufl. 151 S. 1964. (878)

Differential- und Integralrechnung von M. Barner. (Früher Witting). 4 Bde.
I: Grenzwertbegriff, Differentialrechnung. 2., durchges. Aufl. 176 S., 39 Fig. 1963. (86)

Gewöhnliche Differentialgleichungen von G. Hoheisel. 7., neubearb. u. erw. Aufl. 142 S. 1965. (920/920a)

Partielle Differentialgleichungen von G. Hoheisel. 5., durchges. Aufl. Etwa 128 S. In Vorb. (1003)

Aufgabensammlung zu den gewöhnlichen und partiellen Differentialgleichungen von G. Hoheisel. 4., neubearb. Aufl. 153 S. 1964. (1059/1059a)

Integralgleichungen von G. Hoheisel. 2., neubearb. u. erw. Aufl. 112 S. 1963. (1099)

Mengenlehre von E. Kamke. 5. Aufl. 194 S., 6 Fig. 1965. (999/999a)

Gruppentheorie von L. Baumgartner. 4., erw. Aufl. 190 S., 3 Taf. 1964. (837/837a)

Ebene und sphärische Trigonometrie von G. Hessenberg†. 5. Aufl. durchges. von H. Kneser. 172 S., 60 Fig. 1957. (99)

Darstellende Geometrie von W. Haack. 3 Bde.
I: Die wichtigsten Darstellungsmethoden. Grund- und Aufriß ebenflächiger Körper 6. Aufl. 113 S., 120 Abb. 1967. (142)
II: Körper mit krummen Begrenzungsflächen. Kotierte Projektionen. 5., durchges. Aufl. 129 S., 86 Abb. 1967. (143)
III: Axonometrie und Perspektive. 3. Aufl. 129 S., 100 Abb. 1965. (144)

Analytische Geometrie von K. P. Grotemeyer. 3., neubearb. Aufl. 218 S., 73 Abb. 1964. (65/65a)

Nichteuklidische Geometrie. Hyperbolische Geometrie der Ebene von R. Baldus†. 4. Aufl., bearb. u. erg. von F. Löbell. 158 S., 75 Fig. 1964. (970/970a)

Differentialgeometrie von K. Strubecker. 3 Bde.
- I: Kurventheorie der Ebene und des Raumes. 2., erw. Aufl. 253 S., 45 Fig. 1964. (1113/1113a)
- II: Theorie der Flächenmetrik. 195 S., 14 Fig. 1958. (1179/1179a)
- III: Theorie der Flächenkrümmung. 254 S., 38 Fig. 1959. (1180/1180a)

Variationsrechnung von L. Koschmieder. 2 Bde. 2., neubearb. Aufl.
- I: Das freie und gebundene Extrem einfacher Grundintegrale. 128 S., 23 Fig. 1962. (1074)
- II: Anwendung klassischer Verfahren auf allgemeine Fragen des Extrems. — Neuere unmittelbare Verfahren. In Vorb. (1075)

Einführung in die konforme Abbildung von L. Bieberbach. 6., neubearb. Aufl. 184 S., 41 Zeichng. 1967. (768/768a)

Vektoren und Matrizen von S. Valentiner. 4. Aufl. (11., erw. Aufl der „Vektoranalysis"). Mit Anh.: Aufgaben zur Vektorrechnung von H. König. 205 S., 35 Fig. 1967. (354/354a)

Wahrscheinlichkeitstheorie und Grundzüge der Maßtheorie von H. Bauer. 2 Bde.
- I: 154 S. 1964. (1216/1216a)
- II: In Vorb. (1217)

Kinematik von H. R. Müller. 171 S., 75 Fig. 1963. (584/584a)

Versicherungsmathematik von F. Böhm. 2 Bde.
- I: Elemente der Versicherungsrechnung. 4. Aufl. In Vorb. (180)
- II: Lebensversicherungsmathematik. Einführung in die technischen Grundlagen der Sozialversicherung. 2., verb. u. verm. Aufl. 205 S. 1953. (917/917a)

Finanzmathematik von M. Nicolas, 2., verb. Aufl. 192 S., 11 Taf., 8 Tab. u. 72 Beisp. 1967. (1183/1183a)

Lineare Programmierung von H. Langen. Etwa 200 S. (1206/1206a)

Progammierung von Datenverarbeitungsanlagen von H. J. Schneider u. D. Jurksch. 111 S., 8 Tab., 11 Abb. 1967. (1225/1225a)

Physik

Einführung in die theoretische Physik von W. Döring. 5 Bde.
- I: Mechanik. 3., verb. Aufl. 125 S., 23 Abb. 1965. (76)
- II: Das elektromagnetische Feld. 3., umgearb. Aufl. Etwa 135 S., 15 Abb. 1968. (77/77a)
- III: Optik. 2., verb. Aufl. 117 S., 32 Abb. 1963. (78)
- IV: Thermodynamik. 2., verb. Aufl. 107 S., 9 Abb. 1964. (374)
- V: Statistische Mechanik. 2., umgearb. Aufl. 117 S., 10 Abb. 1966. (1017)

Mechanik deformierbarer Körper von M. Päsler. 199 S., 48 Abb. 1960. (1189/1189a)

Atomphysik von K. Bechert, Ch. Gerthsen† u. A. Flammersfeld. 4 Bde. 4., durchges. Aufl.
- I: Allgemeine Grundlagen. 1. Teil von A. Flammersfeld. Neuaufl. in Vorb. (1009)

II: Allgemeine Grundlagen. 2. Teil von A. Flammersfeld. Neuaufl. in Vorb. (1033)
III: Theorie des Atombaus. 1. Teil von K. Bechert. 148 S., 16 Abb. 1963. (1123/1123a)
IV: Theorie des Atombaus. 2. Teil von K. Bechert. 170 S., 14 Abb. 1963. (1165/1165a)

Differentialgleichungen der Physik von F. Sauter. 4., durchges. u. erg. Aufl. 147 S., 16 Fig. 1966. (1070)

Physikalische Formelsammlung von G. Mahler†. Fortgef. von K. Mahler. Neubearb. von E. Sohr. 12. Aufl. 167 S., 69 Fig. 1967. (136/136a)

Physikalische Aufgabensammlung mit Ergebnissen von G. Mahler†. Fortgef. von K. Mahler. Neubearb. von H. Graewe. 12. Aufl. 141 S. 1964. (243)

Chemie

Geschichte der Chemie in kurzgefaßter Darstellung von G. Lockemann. 2 Bde. 2. Aufl.
I: Vom Altertum bis zur Entdeckung des Sauerstoffs. 142 S., 4 Bildn. In Vorb. (264)
II: Von der Entdeckung des Sauerstoffs bis zur Gegenwart. 151 S., 16 Bildn. In Vorb. (265/265a)

Anorganische Chemie von W. Klemm. 14. Aufl. 255 S., 34 Abb. 1967. (37/37a)

Organische Chemie von W. Schlenk jun. 10., erw. Aufl. 273 S., 16 Abb. 1965. (38/38a)

Physikalische Methoden in der Organischen Chemie von G. Kresze. 2 Bde.
I: 119 S., 65 Abb. 1962. (44)
II: 164 S. 1962. (45/45a)

Allgemeine und physikalische Chemie von W. Schulze. 2 Bde.
I: 6., verb. Aufl. 139 S., 10 Fig. 1964. (71)
II: 6., erw. Aufl. Etwa 178 S. 49 Fig. 1968. (698/698a)

Molekülbau. Theoretische Grundlagen und Methoden der Strukturermittlung von W. Schulze. 123 S., 43 Fig. 1958. (786)

Einfache Versuche zur allgemeinen und physikalischen Chemie von E. Dehn. 371 Versuche m. 40 Abb. 272 S. 1962. (1201/1201a)

Physikalisch-chemische Rechenaufgaben von E. Asmus. 4., verb. Aufl. 96 S. 1967. (445)

Maßanalyse. Theorie und Praxis der klassischen und der elektrochemischen Titrierverfahren von G. Jander und K. F. Jahr. 11., durchges. Aufl., mitbearb. von H. Knoll. 359 S., 56 Fig. 1966. (221/221a)

Qualitative Analyse von H. Hofmann u. G. Jander. 3., durchges. u. verb. Aufl. 308 S., 5 Abb. 1967. (247/247a)

Stöchiometrische Aufgabensammlung von W. Bahrdt† u. R. Scheer. Mit den Ergebnissen. 9., durchges. Aufl. 119 S. 1967. (452/452a)

Elektrochemie von K. Vetter. 2 Bde.
I: In Vorb. (252)
II: In Vorb. (253)

Geochemie von K. H. Wedepohl. 221 S., 26 Abb., 37 Tab. 1967. (1224/1224a/1224b)

Kristallchemie von J. Zemann. 144 S., 90 Abb. 1966. (1220/1220a)

Technologie

Die Chemie der Kunststoffe von K. Hamann. 2., neu überarb. Aufl. unt. Mitarb. von W. Funke u. K. Nollen. 177 S. 1967. (1173/1173a)

Warenkunde von K. Hassak u. E. Beutel†. 2 Bde.
I: Anorganische Waren sowie Kohle und Erdöl. 8. Aufl. Neubearb. von A. Kutzelnigg. 119 S., 18 Fig. 1958. (222)
II: Organische Waren. 8. Aufl. Vollst. neu bearb. von A. Kutzelnigg. 157 S., 32 Fig. 1959. (223)

Die Fette und Öle von Th. Klug. 6., verb. Aufl. 143 S. 1961. (335)

Die Seifenfabrikation von K. Braun†. 3., neubearb. u. verb. Aufl. von Th. Klug 116 S., 18 Abb. 1953. (336)

Thermische Verfahrenstechnik von H. Bock. 3 Bde.
I: Eigenschaften und Verhalten der realen Stoffe. 184 S., 28 Abb. 1963. (1209/1209a)
II: Funktion und Berechnung der elementaren Geräte. 195 S., 54 Abb. 1964. (1210/1210a)
III: Fließbilder, ihre Funktion und ihr Zusammenbau aus Geräten. 224 S., 67 Abb. 1965. (1211/1211a)

Textilindustrie von A. Blümcke.
I: Spinnerei und Zwirnerei. 111 S., 43 Abb. 1954. (184)

Biologie

Einführung in die allgemeine Biologie und ihre philosophischen Grund- und Grenzfragen von M. Hartmann. 2., unveränd. Aufl. 132 S., 2 Abb. 1965. (96)

Hormone von G. Koller. 2., neubearb. u. erw. Aufl. 187 S., 60 Abb., 19 Tab. 1949. (1141)

Fortpflanzung im Tier- und Pflanzenreich von J. Hämmerling. 2., erg. Aufl. 135 S., 101 Abb. 1951. (1138)

Geschlecht und Geschlechtsbestimmung im Tier- und Pflanzenreich von M. Hartmann. 2., verb. Aufl. 116 S., 61 Abb., 7 Tab. 1951. (1127)

Symbiose der Tiere mit pflanzlichen Mikroorganismen von P. Buchner. 2., verb. u. verm. Aufl. 130 S., 121 Abb. 1949. (1128)

Grundriß der allgemeinen Mikrobiologie von W. u. A. Schwartz. 2 Bde. 2., verb. u. erg. Aufl.
I: 147 S., 25 Abb. 1960. (1155)
II: 142 S., 29 Abb. 1961. (1157)

Botanik

Entwicklungsgeschichte des Pflanzenreiches von H. Heil. 2. Aufl. 138 S., 94 Abb., 1 Tab. 1950. (1137)

Morphologie der Pflanzen von L. Geitler. 3., umgearb. Aufl. 126 S., 114 Abb. 1953. (141)

Pflanzengeographie von L. Diels†. 5., völl. neu bearb. Aufl. von F. Mattick. 195 S., 2 Ktn. 1958. (389/389a)

Die Laubhölzer. Kurzgefaßte Beschreibung der in Mitteleuropa gedeihenden Laubbäume und Sträucher von F. W. Neger† und E. Münch†. 3., durchges. Aufl., hrsg. von B. Huber. 143 S., 63 Fig., 7 Tab 1950. (718)

Die Nadelhölzer(Koniferen) und übrigen Gymnospermen von F. W. Neger† und E. Münch†. 4. Aufl., durchges. u. erg. von B. Huber. 140 S., 75 Fig., 4 Tab., 3 Ktn. 1952. (355)

Pflanzenzüchtung von H. Kuckuck. 2 Bde.
I: Grundzüge der Pflanzenzüchtung. 3., völl. umgearb. u. erw. Aufl. 132 S., 22 Abb. 1952. (1134)
II: Spezielle gartenbauliche Pflanzenzüchtung (Züchtung von Gemüse, Obst und Blumen). 2. Aufl. In Vorb. (1178/1178a)

Zoologie

Entwicklungsphysiologie der Tiere von F. Seidel. 2 Bde. 2. Aufl.
I: Ei und Furchung. Etwa 160 S., 61 Abb. (1162)
II: Körpergrundgestalt und Organbildung. In Vorb. (1163)

Vergleichende Physiologie der Tiere von K. Herter. 2 Bde. 4. Aufl. der „Tierphysiologie".
I: Stoff- und Energiewechsel. Neu bearb. von K. Urich. 158 S., 61 Abb. 1966. (972/972a)
II: Bewegung und Reizerscheinungen. Neu bearb. von G. Birukow. In Vorb. (973/973a)

Das Tierreich
I: Einzeller, Protozoen von E. Reichenow. 115 S., 59 Abb. 1956. (444)
II: Schwämme und Hohltiere von H. J. Hannemann. 95 S., 80 Abb. 1956. (442)
III: Würmer. Platt-, Hohl-, Schnurwürmer, Kamptozoen, Ringelwürmer, Protracheaten, Bärtierchen, Zungenwürmer von S. Jaeckel. 114 S., 36 Abb. 1955. (439)
IV, 1: Krebse von H. E. Gruner und K. Deckert. 114 S., 43 Abb. 1956. (443)
IV, 2: Spinnentiere (Trilobitomorphen, Fühlerlose) und Tausendfüßler von A. Kaestner. 96 S., 55 Abb. 1955. (1161)
IV, 3: Insekten von H. von Lengerken. 2., neubearb. Aufl. 140 S., 59 Abb. 1966. (594)
V: Weichtiere. Urmollusken, Schnecken, Muscheln und Kopffüßer von S. Jaeckel. 92 S., 34 Fig. 1954. (440)

VI: Stachelhäuter. Tentakulaten, Binnenatmer und Pfeilwürmer von S. Jaeckel. 100 S., 46 Abb. 1955. (441)
VII, 1: Manteltiere, Schädellose, Rundmäuler von H. Fechter. In Vorb. (448)
VII, 2: Fische von D. Lüdemann. 130 S., 65 Abb. 1955. (356)
VII, 3: Lurche (Chordatiere) von K. Herter. 143 S., 129 Abb. 1955. (847)
VII, 4: Kriechtiere (Chordatiere) von K. Herter. 200 S., 142 Abb. 1960. (447/447 a)
VII, 5: Vögel (Chordatiere) von H.-A. Freye. 156 S., 69 Fig. 1960. (869)
VII, 6: Säugetiere (Chordatiere) von Th. Haltenorth. In Vorb. (282/282 a)

Land- und Forstwirtschaft

Landwirtschaftliche Tierzucht. Die Züchtung und Haltung der landwirtschaftlichen Nutztiere von H. Vogel. 139 S., 11 Abb. 1952. (228)

Kulturtechnische Bodenverbesserungen von O. Fauser. 2 Bde. 5., verb. u. verm. Aufl.
I: Allgemeines, Entwässerung. 127 S., 49 Abb. 1959. (691)
II: Bewässerung, Ödlandkultur, Flurbereinigung. 159 S., 71 Abb. 1961. (692)

Agrikulturchemie von K. Scharrer. 2 Bde.
I: Pflanzenernährung. 143 S. 1953. (329)
II: Futtermittelkunde. 192 S. 1956. (330/330 a)

Geologie, Mineralogie, Kristallographie

Geologie von F. Lotze. 3., verb. Aufl. 179 S., 80 Abb. 1965. (13/13a)

Mineral- und Erzlagerstättenkunde von H. Huttenlocher†. 2 Bde. 2., neubearb. Aufl. von P. Ramdohr.
I: 137 S., 40 Abb., 2 Tab. 1965. (1014/1014a)
II: 135 S., 41 Abb. 1965. (1015/1015 a)

Allgemeine Mineralogie. 12., erw. Aufl. der „Mineralogie" von R. Brauns† neubearb. von K. F. Chudoba. 152 S., 143 Textfig., 1 Taf., 3 Tab. 1968. (29/29 a)

Spezielle Mineralogie. 11., erw. Aufl. der „Mineralogie" von R. Brauns†, bearb. von K. F. Chudoba. 193 S., 127 Textfig., 6 Tab. 1964. (31/31 a)

Petrographie (Gesteinskunde) von W. Bruhns†. Neubearb. von P. Ramdohr. 6., erw. Aufl. 141 S., 21 Fig. 1966. (173)

Geochemie von K. H. Wedepohl. 221 S., 26 Abb., 37 Tab. 1967. (1224/1224 a/1224 b)

Kristallchemie von J. Zemann. 144 S., 90 Abb. 1966. (1220/1220a)

Kristallographie von W. Bruhns†. 6. Aufl., neubearb. von P. Ramdohr. 115 S., 164 Abb. 1965. (210)

Einführung in die Kristalloptik von E. Buchwald. 5., verb. Aufl. 128 S., 117 Fig. 1963 (619/619 a)

Lötrohrprobierkunde. Mineraldiagnose mit Lötrohr und Tüpfelreaktion von M. Henglein. 4., durchges. u. erw. Aufl. 108 S., 12 Fig. 1962. (483)

Technik

Graphische Darstellung in Wissenschaft und Technik von M. Pirani. 3., erw. Aufl. bearb. von J. Fischer unt. Benutzg. der von I. Runge bes. 2. Aufl. 216 S., 104 Abb. 1957. (728/728a)

Technische Tabellen und Formeln von W. Müller. 5., verb. u. erw. Aufl. von E. Schulze. 165 S., 114 Abb., 99 Taf. 1962. (579)

Einführung in die Arbeitswissenschaft von H. H. Hilf. 164 S., 57 Abb. 1964. (1212/1212a)

Grundlagen der Straßenverkehrstechnik. Theorie der Leistungsfähigkeit von E. Engel. 101 S., 55 Abb. 1962. (1198)

Elektrotechnik

Grundlagen der allgemeinen Elektrotechnik von O. Mohr. 3. Aufl. 260 S., 136 Bild., 14 Taf. 1965. (196/196a)

Die Gleichstrommaschine von K. Humburg. 2 Bde. 3. Aufl.
I: Etwa 102 S., 59 Abb. In Vorb. (257)
II: Etwa 101 S., 38 Abb. In Vorb. (881)

Die Synchronmaschine von W. Putz. 92 S., 64 Bild. 1962. (1146)

Induktionsmaschinen von F. Unger. 3. Aufl. In Vorb. (1140)

Die komplexe Berechnung von Wechselstromschaltungen von H. H. Meinke. 3., neubearb. Aufl. 185 S., 126 Abb. 1965. (1156/1156a)

Theoretische Grundlagen zur Berechnung der Schaltgeräte von F. Kesselring. 4. Aufl. 1968. (711/711a/711b)

Einführung in die Technik selbsttätiger Regelungen von W. zur Megede. 3., überarb. u. erw. Aufl. Etwa 180 S., 86 Abb. 1968. In Vorb. (714/714a)

Elektromotorische Antriebe von W. Meyer. 223 S., 113 Abb. 1967. (827/827a/827b)

Überspannungen und Überspannungsschutz von G. Frühauf. Durchges. Neudr. 122 S., 98 Abb. 1950. (1132)

Elektrische Höchstspannungs-Schaltanlagen. Für Freiluft und Innenanordnung von G. Meiners u. K.-H. Wiesenewsky. 138 S., 58 Abb. 1964. (796/796a)

Transformatoren von W. Schäfer. 5., überarb. u. erg. Aufl. 130 S., 73 Abb. 1967. (952/952a)

Maschinenbau

Thermische Verfahrenstechnik von H. Bock. 3 Bde.
- I: Eigenschaften und Verhalten der realen Stoffe. 184 S., 28 Abb. 1963. (1209/1209a)
- II: Funktion und Berechnung der elementaren Geräte. 195 S., 54 Abb. 1964. (1210/1210a)
- III: Fließbilder, ihre Funktion und ihr Zusammenbau aus Geräten. 224 S., 67 Abb. 1965. (1211/1211a)

Technische Thermodynamik von U. Grigull. 171 S., 74 Abb. 1966. (1084/1084a)

Metallkunde von H. Borchers. 3 Bde.
- I: Aufbau der Metalle und Legierungen. 6. Aufl. 120 S., 90 Abb., 2 Tab. 1964. (432)
- II: Eigenschaften, Grundzüge der Form- und Zustandsgebung. 5., erg. u. durchges. Aufl. 182 S., 107 Abb., 10 Tab. 1963. (433/433a)
- III: Die metallkundlichen Untersuchungsmethoden von E. Hanke. In Vorb. (434)

Die Werkstoffe des Maschinenbaues von A. Thum† und C. M. v. Meysenbug. 2 Bde.
- I: Einführung in die Werkstoffprüfung. 3. Aufl. In Vorb. (476)
- II: Die Konstruktionswerkstoffe. 132 S., 40 Abb. 1959. (936)

Dynamik von W. Müller. 2 Bde. 2., verb. Aufl.
- I: Dynamik des Einzelkörpers. 128 S., 48 Fig. 1952. (902)
- II: Systeme von starren Körpern. 102 S., 41 Fig. 1952. (903)

Technische Schwingungslehre von L. Zipperer. 2 Bde. 2., neubearb. Aufl.
- I: Allgemeine Schwingungsgleichungen, einfache Schwinger. 120 S., 101 Abb. 1953. (953)
- II: Torsionsschwingungen in Maschinenanlagen. 102 S., 59 Abb. 1955. (961/961a)

Werkzeugmaschinen für Metallbearbeitung von K. P. Matthes. 2 Bde.
- I: 100 S., 27 Abb., 11 Zahlentaf., 1 Tafelanh. 1954. (561)
- II: Fertigungstechnische Grundlagen der neuzeitlichen Metallbearbeitung. 101 S., 30 Abb., 5 Taf. 1955. (562)

Das Maschinenzeichnen mit Einführung in das Konstruieren von W. Tochtermann. 2 Bde. 4. Aufl.
- I: Das Maschinenzeichnen. 156 S., 75 Taf. 1950 (589)
- II: Ausgeführte Konstruktionsbeispiele. 130 S., 58 Taf. 1950. (590)

Die Maschinenelemente von E. A. vom Ende†. 4., überarb. Aufl. 184 S., 179 Fig., 11 Taf. 1963. (3/3a)

Die Maschinen der Eisenhüttenwerke von L. Engel. 156 S., 95 Abb. 1957. (583/583a)

Walzwerke von H. Sedlaczek†. 3., neubearb. Aufl. In Vorb. (580/580a)

Getriebelehre von P. Grodzinski†. 2 Bde. 3., neubearb. Aufl. von G. Lechner.
- I: Geometrische Grundlagen. 164 S., 131 Fig. 1960. (1061)
- II: Angewandte Getriebelehre. In Vorb. (1062)

Kinematik von H. R. Müller. 171 S., 75 Fig. 1963. (584/584a)

Gießereitechnik von H. Jungbluth. 2 Bde.
I. Eisengießerei. 126 S., 44 Abb. 1951. (1159)

Die Dampfkessel einschließlich Feuerungen und Hilfseinrichtungen. Physikalische und chemische Grundlagen, Berechnung und Konstruktion, Vorschriften und Beispiele von W. Marcard. 3., neubearb. Aufl. von G. Beyer 2 Bde.
I: Physikalische und chemische Grundlagen, Wärmelehre, Wärmeübertragung, Verbrennung. 133 S., 35 Bild., 26 Tab. 1964. (9/9a)
II: Berechnung und Konstruktion. Dampfkessel, Hilfseinrichtungen. Feuerungen, Berechnung. 108 S., 45 Bild. 1966. (521/521a)

Die Dampfturbinen. Ihre Wirkungsweise, Berechnung und Konstruktion von C. Zietemann. 3 Bde.
I: Theorie der Dampfturbinen. 4. Aufl. 139 S., 48 Abb. In Vorb. (274)
II: Die Berechnung der Dampfturbinen und die Konstruktion der Einzelteile. 4., verb. Aufl. 132 S. 111 Abb. In Vorb. (715)
III: Die Regelung der Dampfturbinen. die Bauarten, Turbinen für Sonderzwecke, Kondensationsanlagen. 3., verb. Aufl. 126 S., 90 Abb. 1956. (716)

Verbrennungsmotoren von W. Endres. 3 Bde.
I: Überblick. Motor-Brennstoffe, Verbrennung im Motor allgemein, im Otto- und Diesel-Motor. 2. Aufl. In Vorb. (1076/1076a)
II: Gaswechselvorgang. Aufladen, Leistung, mittl. Druck. Reibung, Wirkungsgrade und Kraftstoffverbrauch. 152 S., 62 Abb. 1966. (1184/1184a)
III: Die Einzelteile des Verbrennungsmotors. In Vorb. (1185/1185a)

Autogenes Schweißen und Schneiden von H. Niese. 5. Aufl., neubearb. von A. Küchler. 136 S., 71 Fig. 1953. (499)

Die elektrischen Schweißverfahren von H. Niese. 2. Aufl., neubearb. von H. Dienst. 136 S., 58 Abb. 1955. (1020)

Die Hebezeuge. Entwurf von Winden und Kranen von G. Tafel. 2., verb. Aufl. 176 S., 230 Fig. 1954. (414/414a)

Vermessungswesen

Vermessungskunde von W. Großmann. 3 Bde.
I: Stückvermessung und Nivellieren. 12., verb. Aufl. 156 S., 122 Fig. 1965., (468)
II: Horizontalaufnahmen und ebene Rechnungen. 10., verb. Aufl. 149 S., 101 Fig. 1967. (469/469a)
III: Trigonometrische und barometrische Höhenmessung. Tachymetrie und Absteckungen. 8., verb. Aufl. 140 S., 102 Fig. 1965. (862)

Kartographie von V. Heissler. 2. Aufl. 213 S., 125 Abb., 8 Anl. 1966. (30/30a)

Photogrammetrie von G. Lehmann. 2., neubearb. Aufl. 205 S., 136 Abb. 1966. (1188/1188a)

Wasserbau

Wasserkraftanlagen von A. Ludin unt. Mitarb. von W. Borkenstein. 2 Bde.
I: Planung, Grundlagen und Grundzüge. 124 S., 60 Abb. 1955. (665)
II: Anordnung und Ausbildung der Hauptbauwerke. 184 S., 91 Abb. 1958. (666/666 a)

Verkehrswasserbau von H. Dehnert. 3 Bde.
I: Entwurfsgrundlagen, Flußregelungen 103 S., 53 Abb. 1950. (585)
II: Flußkanalisierung und Schiffahrtskanäle. 94 S., 60 Abb. 1950. (597)
III: Schleusen und Hebewerke. 98 S., 70 Abb. 1950 (1152)

Wehr- und Stauanlagen von H. Dehnert. 134 S., 90 Abb. 1952. (965)

Talsperren von F. Tölke. 122 S., 70 Abb. 1953. (1044)

Hoch- und Tiefbau

Die wichtigsten Baustoffe des Hoch- und Tiefbaus von O. Graf†. 4., verb. Aufl. 131 S., 63 Abb. 1953. (984)

Baustoffverarbeitung und Baustellenprüfung des Betons von A. Kleinlogel. 2., neubearb. u. erw. Aufl. 126 S., 35 Abb. 1951. (978)

Festigkeitslehre. 2 Bde.
I: Elastizität, Plastizität und Festigkeit der Baustoffe und Bauteile von W. Gehler† u. W. Herberg. Durchges. u. erw. Neudr. 159 S., 118 Abb. 1952. (1144)
II: Formänderung, Platten, Stabilität und Bruchhypothesen von W. Herberg und N. Dimitrov. 187 S., 94 Abb. 1955. (1145/1145 a)

Grundlagen des Stahlbetonbaues von A. Troche. 2., neubearb. u. erw. Aufl. 208 S., 75 Abb., 17 Bemessungstaf., 20 Rechenbeisp. 1953. (1078)

Statik der Baukonstruktionen von A. Teichmann 3 Bde.
I: Grundlagen. 101 S., 51 Abb., 8 Formeltaf. 1956. (119)
II: Statisch bestimmte Stabwerke. 107 S., 52 Abb., 7 Taf. 1957 (120)
III: Statisch unbestimmte Systeme. 112 S., 34 Abb., 7 Formeltaf. 1958. (122)

Fenster, Türen, Tore aus Holz und Metall. Eine Anleitung zu ihrer guten Gestaltung, wirtschaftlichen Bemessung und handwerksgerechten Konstruktion von W. Wickop†. 5. Aufl. In Vorb. (1092)

Heizung und Lüftung von W. Körting. 2 Bde., neubearb. Aufl.
I: Das Wesen und die Berechnung der Heizungs- und Lüftungsanlagen. 171 S., 29 Abb., 36 Zahlentaf. 1962. (342/342a)
II: Die Ausführung der Heizungs- und Lüftungsanlagen. In Vorb. (343)

Industrielle Kraft- und Wärmewirtschaft von F. A. F. Schmidt u. A. Beckers. 167 S., 73 Abb. 1957. (318/318 a)

Sammlung Göschen / Bandnummernfolge

1 Langosch, Der Nibelunge Nôt
3/3a v. Ende, Maschinenelemente
9/9a Marcard-Beyer, Dampfkessel I
10 Jiriczek-Wisniewski, Kudrun und Dietrich-Epen
13/13a Lotze, Geologie
18 Maurer, Hartmann von Aue, Der arme Heinrich
19 Altheim, Römische Geschichte I
20 Hofstaetter, Dt. Sprachlehre
22 Maurer, Gottfried von Strassburg
29/29a Brauns-Chudoba, Allgemeine Mineralogie
30/30a Heissler, Kartographie
31/31a Brauns-Chudoba, Spezielle Mineralogie
32 Schneider-Wisniewski, Deutsche Heldensage
35 Treue, Dt. Geschichte von 1648 bis 1740
37/37a Klemm, Anorgan. Chemie
38/38a Schlenk, Organische Chemie
39 Treue, Dt. Geschichte von 1713 bis 1806
42 Behn-Hoernes, Vorgeschichte Europas
44 Kresze, Physikal. Meth. in der Organ. Chemie I
45/45a Kresze, Physikal. Meth. in der Organ. Chemie II
47 Fischer-Rohrbach, Arithmetik
51/51a Ringleb, Mathem. Formelsammlung
52 Bieler, Röm. Literaturgesch. I
59 Krahe, Indogerm. Sprachwiss. I
60 Biehle, Stimmkunde
61 Biehle, Redetechnik
64 Krahe, Indogerm. Sprachwiss. II
65/65a Grotemeyer, Analyt. Geometrie
66 Berneker-Vasmer, Russische Grammatik
70 Nestle-Liebich, Gesch. d. griechischen Literatur I
71 Schulze, Allgemeine und physikalische Chemie I
76 Döring, Einf. i. d. th. Physik I
77/77a Döring, Einf. i. d. th. Physik II
78 Döring, Einf. i. d. th. Physik III
79/79a Hempel, Got. Elementarbuch
80 Weigert, Stilkunde I
81 Schubert-Haussner-Erlebach, Vierstell. Logarithmentafeln
86 Barner, Differential- u. Integralrechnung I
96 Hartmann, Einf. in die allgem. Biologie
99 Hessenberg-Kneser, Ebene und sphär. Trigonometrie
101/101a Wiese, Soziologie
103 Dahrendorf, Industrie- und Betriebssoziologie
104/104a Hofstätter, Sozialpsychologie
111/111a Hoffmann-Debrunner-Scherer, Gesch. d. griechischen Sprache I
114/114a Debrunner-Scherer, Gesch. der griechischen Sprache II
117 Brandenstein, Griechische Sprachwissenschaft I
118/118a Brandenstein, Griechische Sprachwissenschaft II
119 Teichmann, Statik der Baukonstruktionen I
120 Teichmann, Statik der Baukonstruktionen II
122 Teichmann, Statik der Baukonstruktionen III

128/128a Lausberg, Romanische Sprachwissenschaft I
136/136a Mahler-Sohr, Physikal. Formelsammlung
141 Geitler, Morphologie der Pflanzen
142 Haack, Darst. Geometrie I
143 Haack, Darst. Geometrie II
144 Haack, Darst. Geometrie III
145/145a Weimer, Gesch. der Pädagogik
148 Kolms, Finanzwissenschaft I
156/156a Landmann, Philosophische Anthropologie
170 Oehlmann, Musik des 19. Jhs.
171/171a Oehlmann, Musik des 20. Jhs.
173 Bruhns-Ramdohr, Petrographie
174 Schlingloff, Religion des Buddhismus I
180 Böhm, Versicherungsmathem. I
184 Blümcke, Textilindustrie I
196/196a Mohr, Grundlagen der allgem. Elektrotechnik
200/200a Gottschald, Dt. Rechtschreibungswörterbuch
210 Bruhns-Ramdohr, Kristallographie
220/220a Moser, Allg. Musiklehre
221/221a Jander-Jahr-Knoll, Maßanalyse
222 Hassak-Beutel-Kutzelnigg, Warenkunde I
223 Hassak-Beutel-Kutzelnigg, Warenkunde II
226/226a Hofmann, Gesch. der Mathematik
223 Vogel, Landw. Tierzucht
231/231a Ehrlich, Geschichte Israels
233 Krahe, German. Sprachwiss. I
243 Mahler-Graewe, Physikal. Aufgabensammlung
247/247a Hofmann-Jander, Qualitative Analyse
250 Lausberg, Romanische Sprachwissenschaft II
252 Vetter, Elektrochemie I
253 Vetter, Elektrochemie II
257 Humburg, Gleichstrommaschine I
264 Lockemann, Gesch. der Chemie I
265/265a Lockemann, Geschichte der Chemie II
270/270a Kirn-Leuschner, Einführung in die Geschichtswissenschaft
274 Zietemann, Dampfturbinen I
279 Jacob-Hohenleutner, Quellenkunde der deutschen Geschichte I
280 Jacob-Hohenleutner, Quellenkunde der deutschen Geschichte II
281 Leisegang, Einführung in die Philosophie
282/282a Haltenorth, Säugetiere
284 Jacob-Weden, Quellenkunde der deutschen Geschichte III
318/318a Schmidt-Beckers, Industrielle Kraft- u. Wärmewirtschaft
319 Krug, Australien und Ozeanien
329 Scharrer, Agrikulturchemie I
330/330a Scharrer, Agrikulturchemie II
335 Klug, Fette und Öle
336 Braun-Klug, Seifenfabrikation
342/342a Körting, Heizung und Lüftung I
343 Körting, Heizung und Lüftung II
344 Moser, Musikästhetik
354/354a Valentiner-König, Vektoren und Matrizen
355 Neger-Münch-Huber, Nadelhölzer
356 Lüdemann, Fische
374 Döring, Einf. i. d. th. Physik IV
375/375a Preller, Geschichte Englands I
389/389a Diels-Mattick, Pflanzengeographie
391 Kolms, Finanzwissenschaft II
394/394a Schilling, Von der Renaissance bis Kant
414/414a Tafel, Hebezeuge
422 Gottschald, Dt. Personennamen
423 Adler-Erlebach, Fünfstellige Logarithmen
432 Borchers, Metallkunde I
433/433a Borchers, Metallkunde II
434 Borchers-Hanke, Metallkunde III
435 Burau, Algebr. Kurven und Flächen I
436/436a Burau, Algebr. Kurven und Flächen II
439 Jaeckel, Würmer
440 Jaeckel, Weichtiere
441 Jaeckel, Stachelhäuter

442 Hannemann, Schwämme und Hohltiere
443 Gruner-Deckert, Krebse
444 Reichenow, Einzeller
445 Asmus, Physikal.-chem. Rechenaufgaben
447/447 a Herter, Kriechtiere
448 Fechter, Manteltiere
452/452 a Bahrdt-Scheer, Stöchiometr. Aufgabenslg.
468 Großmann, Vermessungskunde I
469/469 a Großmann, Vermessungskunde II
476 Thum-Meysenbug, Werkstoffe des Maschinenbaues I
483 Henglein, Lötrohrprobierkunde
492/492 a Stolz-Debrunner-Schmid, Geschichte der lateinischen Sprache
499 Niese-Küchler, Autogenes Schweißen
500 Simmel, Hauptprobleme der Philosophie
521/521 a Marcard-Beyer, Dampfkessel II
536 Lehmann, Kant
538 Rumpf, Archäologie I
539 Rumpf, Archäologie II
540 Rumpf, Archäologie III
557 Nestle-Liebich, Gesch. der griech. Literatur II
561 Matthes, Werkzeugmaschinen I
562 Matthes, Werkzeugmaschinen II
564 Behn-Hoernes, Kultur der Urzeit I
565 Behn-Hoernes, Kultur d. Urzeit II
566 Behn-Hoernes, Kultur d. Urzeit III
571 Lehmann, Philosophie des 19. Jahrhunderts I
576/576 a Moser, Gesangskunst
579 Müller-Schulze, Techn. Tabellen
580/580 a Sedlaczek, Walzwerke
583/583 a Engel, Maschinen der Eisenhüttenwerke
584/584 a Müller, Kinematik
585 Dehnert, Verkehrswasserbau I
587 Kalitsunakis-Steinmetz, Neugriech.-dt. Gesprächsbuch
589 Tochtermann, Maschinenzeichnen I
590 Tochtermann, Maschinenzeichnen II
594 Lengerken, Insekten
597 Dehnert, Verkehrswasserbau II
601 Mutschmann-Scherer, Engl. Phonetik
608/608 a/608 b Erman-Krückmann, Hieroglyphen
619/619 a Buchwald, Kristalloptik
665 Ludin-Borkenstein, Wasserkraftanlagen I
666/666 a Ludin-Borkenstein, Wasserkraftanlagen II
668 Knopp, Funktionentheorie I
677 Altheim, Röm. Geschichte II
679 Altheim, Röm. Geschichte III
684 Altheim, Röm. Geschichte IV
691 Fauser, Kulturtechn. Bodenverbesserungen I
692 Fauser, Kulturtechn. Bodenverbesserungen II
698/698 a Schulze, Allgemeine u. physikalische Chemie II
703 Knopp, Funktionentheorie II
708/708 a/708 b Meissner-Oberhuber, Keilschrift
709 Lehmann, Philosophie des 19. Jahrhunderts II
711/711 a/711 b Kesselring, Berechnung der Schaltgeräte
714/714 a zur Megede, Technik selbsttätiger Regelungen
715 Zietemann, Dampfturbinen II
716 Zietemann, Dampfturbinen III
718 Neger-Münch-Huber, Laubhölzer
728/728 a Pirani-Fischer-Runge, Graph. Darstellung in Wissenschaft u. Technik
735 Ekwall, Historische neuengl. Laut- und Formenlehre
746/746 a Pfanzagl, Allg. Methodenlehre der Statistik I
747/747 a Pfanzagl, Allg. Methodenlehre der Statistik II
756/756 a Kalitsunakis, Gramm. d. Neugriech. Volksspr.
763/763 a/763 b Meyer, Hebräische Grammatik I
764/764 a/764 b Meyer, Hebräische Grammatik II
765/765 a/765 b Meyer, Hebräische Grammatik III
768/768 a Bieberbach, Einführung in die konforme Abbildung

769/769a Beer-Meyer, Hebräisches Textbuch
770 Schlingloff, Religion des Buddhismus II
776/776a Kolms, Finanzwissenschaft III
780 Krahe, German. Sprachwiss. II
781 Weigert, Stilkunde II
782/782a Kolms, Finanzwissenschaft IV
786 Schulze, Molekülbau
796/796a Meiners-Wiesenewsky, Elektr. Höchstspannungs-Schaltanlagen
809 Moser, Harmonielehre I
810 Moser, Harmonielehre II
826 Koch, Philosophie d. Mittelalters
827/827a/827b Meyer, Elektromotorische Antriebe
831 Erismann, Allg. Psychologie I
832/832a Erismann, Allg. Psychologie II
833 Erismann, Allg. Psychologie III
834/834a Erismann, Allg. Psychologie IV
837/837a Baumgartner, Gruppentheorie
845 Lehmann, Philosophie im ersten Drittel des 20. Jhs. I
847 Herter, Lurche
850 Lehmann, Philosophie im ersten Drittel des 20. Jhs. II
851/851a Moede, Psychologie des Berufs- und Wirtschaftslebens
857 Capelle, Griech. Philosophie I
858 Capelle, Griech. Philos. II
859 Capelle, Griech. Philos. III
862 Großmann, Vermessungskunde III
863 Capelle, Griech. Philos. IV
866 Bieler, Röm. Literaturgeschichte II
869 Freye, Vögel
875 Hofmann, Geschichte der Mathematik II
877 Knopp, Aufgabensammlung zur Funktionentheorie I
878 Knopp, Aufgabensammlung zur Funktionentheorie II
881 Humburg, Gleichstrommaschine II
882 Hofmann, Geschichte der Mathematik III
883 Stuloff, Mathematik der neuesten Zeit
893 Treue, Dt. Geschichte von 1806 bis 1890
894 Treue, Dt. Geschichte von 1890 bis zur Gegenwart
896/896a Pokorny, Altirische Gramm.
902 Müller, Dynamik I
903 Müller, Dynamik II
910 Jaeger, Afrika I
911 Jaeger, Afrika II
915 Sperber-Polenz, Gesch. der Deutschen Sprache
917/917a Böhm, Versicherungsmathematik II
920/920a Hoheisel, Gewöhnliche Differentialgleichungen
921 Jantzen-Kolb, W. v. Eschenbach, Parzival
924/924a Brandenstein, Griechische Sprachwissenschaft III
929 Schirmer-Mitzka, Dt. Wortkunde
930 Krull, Elementare und klassische Algebra I
931 Hasse, Höhere Algebra I
932 Hasse, Höhere Algebra II
933 Krull, Elementare und klassische Algebra II
936 Thum-Meysenbug, Werkstoffe d. Maschinenbaues II
942/942a Damerau, Polnische Grammatik
952/952a Schäfer, Transformatoren
953 Zipperer, Techn. Schwingungslehre I
961/961a Zipperer, Techn. Schwingungslehre II
965 Dehnert, Wehr- und Stauanlagen
970/970a Baldus-Löbell, Nichteuklidische Geometrie
972/972a Herter-Urich, Vergleichende Physiologie der Tiere I
973/973a Herter-Birukow, Vergleichende Physiologie der Tiere II
978 Kleinlogel, Baustoffverarbeitung und Baustellenprüfung d. Betons
984 Graf, Baustoffe des Hoch- und Tiefbaus
999/999a Kamke, Mengenlehre
1000 Jaspers, Geistige Situat. der Zeit

1003 Hoheisel, Partielle Differentialgleichungen
1008/1008a Mellerowicz, Allgem. Betriebswirtschaftslehre I
1009 Bechert-Gerthsen-Flammersfeld, Atomphysik I
1014/1014a Huttenlocher-Ramdohr, Mineral- und Erzlagerstättenkunde I
1015/1015a Huttenlocher-Ramdohr, Mineral- und Erzlagerstättenkunde II
1017 Döring, Einf. i. d. th. Physik V
1020 Niese-Dienst, Elektrische Schweißverfahren
1031/1031a Apel-Ludz, Philosophisches Wörterbuch
1033 Bechert-Gerthsen-Flammersfeld, Atomphysik II
1034 Kranefeldt-Jung, Therapeutische Psychologie
1035 Altheim, Röm. Religionsgeschichte I
1039/1039a Dovifat, Zeitungslehre I
1040/1040a Dovifat, Zeitungslehre II
1044 Tölke, Talsperren
1045 Schubert, Technik des Klavierspiels
1051/1051a Stolberg-Wernigerode, Gesch. d. Vereinigten Staaten
1052 Altheim, Röm. Religionsgeschichte II
1059/1059a Hoheisel, Aufgabenslg. z. d. gew. u. part. Differentialgleichungen
1061 Grodzinski-Lechner, Getriebelehre I
1062 Grodzinski-Lechner, Getriebelehre II
1065 Haller-Dannenbauer, Von d. Karolingern zu den Staufern
1070 Sauter, Differentialgleichungen der Physik
1074 Koschmieder, Variationsrechnung I
1075 Koschmieder, Variationsrechnung II
1076/1076a Endres, Verbrennungsmotoren I
1077 Haller-Dannenbauer, Von den Staufern zu den Habsburgern
1078 Troche, Stahlbetonbau
1082 Hasse-Klobe, Aufgabensammlung zur höheren Algebra
1084/1084a Grigull, Techn. Thermodynamik
1085 Lietzmann-Aland, Zeitrechnung
1086 Müller, Dt. Dichten und Denken
1088 Preller, Gesch. Englands II
1092 Wickop, Fenster, Türen, Tore
1094 Hernried, System, Modulation
1096 Viëtor, Dt. Dichten und Denken
1099 Hoheisel, Integralgleichungen
1105 Hartung, Dt. Geschichte im Zeitalter der Reformation
1108 de Boor-Wisniewski, Mittelhochdeutsche Grammatik
1109 Knopp, Elemente der Funktionentheorie
1111/1111a Naumann-Betz, Althochdt. Elementarbuch
1113/1113a Strubecker, Differentialgeometrie I
1114/1114a Schubel, Engl. Literaturgeschichte I
1115/1115a/1115b Ranke-Hofmann, Altnord Elementarbuch
1116 Schubel, Engl. Literaturgeschichte II
1117 Haller-Dannenbauer, Eintritt der Germanen in die Geschichte
1121 Naumann, Dt. Dichten u. Denken
1122 Jesch, Sprecherziehung
1123/1123a Bechert-Gerthsen-Flammersfeld, Atomphysik III
1124 Schubel, Engl. Literaturgeschichte III
1125 Lehnert, Altengl. Elementarbuch
1127 Hartmann, Geschlecht u. Geschlechtsbestimmung im Tier- und Pflanzenreich
1128 Buchner. Symbiose d. Tiere
1130 Dibelius-Kümmel, Jesus
1131 Scholz-Schoeneberg, Einführung in die Zahlentheorie
1132 Frühauf, Überspannungen
1134 Kuckuck, Pflanzenzüchtung I
1135 Lehnert, Beowulf
1137 Heil, Entwicklungsgesch. Pflanzenreiches
1138 Hämmerling, Fortpflanzung im Tier- und Pflanzenreich
1140 Unger, Induktionsmaschinen
1141 Koller, Hormone

1142 Meissner-Lehnert, Shakespeare
1144 Gehler-Herberg, Festigkeitslehre I
1145/1145 a Herberg-Dimitrov, Festigkeitslehre II
1146 Putz, Synchronmaschine
1147 Waltershausen, Kunst d. Dirigierens
1148 Pepping, Der polyphone Satz I
1152 Dehnert, Verkehrswasserbau III
1153/1153 a Mellerowicz, Allgem. Betriebswirtschaftslehre II
1154/1154 a Mellerowicz, Allgem. Betriebswirtschaftslehre III
1155 Schwartz, Mikrobiologie I
1156/1156 a Meinke, Komplexe Berechnungen v. Wechselstromschaltungen
1157 Schwartz, Mikrobiologie II
1158/1158 a Mayrhofer, Sanskrit-Grammatik
1159 Jungbluth, Gießereitechnik I
1160 Dibelius-Kümmel, Paulus
1161 Kaestner, Spinnentiere
1162 Seidel Entwicklungsphysiologie der Tiere I
1163 Seidel, Entwicklungsphysiologie der Tiere II
1164/1164 a Pepping, Der polyphone Satz II
1165/1165 a Bechert-Gerthsen-Flammersfeld, Atomphysik IV
Paulsen, Allgemeine Volkswirtschaftslehre I
1170 Paulsen, Allgemeine Volkswirtschaftslehre II
1171/1171 a Paulsen, Allgemeine Volkswirtschaftslehre III
1172 Paulsen, Allgemeine Volkswirtschaftslehre IV
1173/1173 a Hamann-Funke-Nollen, Chemie der Kunststoffe
1176/1176 a Lorenzen, Form. Logik
1177/1177 a Redeker, Schleiermacher
1178/1178 a Kuckuck, Pflanzenzüchtung II
1179/1179 a Strubecker, Differentialgeometrie II
1180/1180 a Strubecker, Differentialgeometrie III
1181 Franz, Topologie I
1182/1182 a Franz, Topologie II
1183/1183 a Nicolas, Finanzmathematik
1184/1184 a Endres, Verbrennungsmotoren II
1185/1185 a Endres, Verbrennungsmotoren III
1186/1186 a Mellerowicz, Allgem. Betriebswirtschaftslehre IV
1187 Lau, Luther
1188/1188 a Lehmann, Photogrammetrie
1189/1189 a Päsler, Mechanik
1190 Stupperich, Melanchthon
1191/1191 a Bräuer, Slav. Sprachwissenschaft I
1192/1192 a Bräuer, Slav. Sprachwissenschaft II
1193 Fürstenberg, Wirtschaftssoziologie
1194/1194 a Wendt, Gesch. d. Volkswirtschaftslehre
1195 Ohm, Allgem. Volkswirtschaftspolitik I
1196/1196 a Ohm, Allgem. Volkswirtschaftspolitik II
1197/1197 a Onasch, Konfessionskunde der orthod. Kirchen
1198 Engel, Straßenverkehrstechnik
1199 Lausberg, Romanische Sprachwissenschaft III, 1. Teil
1200/1200 a Lausberg, Romanische Sprachwissenschaft III, 2. Teil
1201/1201 a Dehn, Versuche zur allgem. u. phys. Chemie
1202/1202 a Nagel, Gesch. des christl. Gottesdienstes
1203 Wendland, Sozialethik
1204 Scheurig, Zeitgeschichte
1205/1205 a Hofmann, Ideengeschichte d. soz. Bewegung
1206/1206 a Langen, Lineare Programmierung
1208 Lausberg, Romanische Sprachwissenschaft IV
1209/1209 a Bock, Therm. Verfahrenstechnik I
1210/1210 a Bock, Therm. Verfahrenstechnik II
1211/1211 a Bock, Therm. Verfahrenstechnik III
1212/1212 a Hilf, Arbeitswissenschaft
1213/1213 a Kosiol, Buchhaltung und Bilanz

1216/1216a Bauer, Wahrscheinlichkeitstheorie I
1217 Bauer, Wahrscheinlichkeitstheorie II
1218/1218a/1218b Meid, German. Sprachwiss. III
1219 Schmidt-Clausing, Zwingli
1220/1220a Zemann, Kristallchemie
1221 Gerdes, Kierkegaard
1222/1222a Tschižewskij, Slav. Literaturen I
1223/1223a Tschižewskij, Slav. Literaturen II
1224/1224a/1224b Wedepohl, Geochemie
1225/1225a Schneider-Jurksch, Datenverarbeitungsanlagen
1226/1226a/1226b Weinstock, Mittelengl. Elementarbuch
1227/1227a Wedig, Übungsaufgaben zu A. Paulsen, Allgem. Volkswirtschaftslehre I/II

Autorenregister

Adler 12
Aland 6
Altheim 5, 7
Apel 3
Asmus 15

Bahrdt 15
Baldus 13
Barner 13
Bauer 14
Baumgartner 13
Bechert 14, 15
Beckers 22
Beer 10
Behn 6
Berneker 10
Betz 8
Beutel 16
Beyer 21
Bieberbach 14
Biehle 7
Bieler 9
Birukow 17
Blümcke 16
Bock, 16, 20
Böhm 14
de Boor 8
Borchers 20
Borkenstein 22
Bräuer 10
Brandenstein 9
Braun 16
Brauns 18
Bruhns 18
Buchner 16
Buchwald 18
Burau 12

Capelle 3
Chudoba 18

Dahrendorf 4, 11
Damerau 10
Dannenbauer 6
Debrunner 9
Deckert 17
Dehn 15
Dehnert 22
Dibelius 4
Diels 17
Dienst 21
Dimitrov 22
Döring 14
Dovifat 11

Ehrlich 5
Ekwall 8
Ende, vom 20
Endres 21
Engel, E. 19
Engel, L. 20
Erismann 4
Erlebach 12
Erman 10

Fauser 18
Fechter 18
Fischer, J. 19
Fischer, P. B. 12
Flammersfeld 14, 15
Franz 13
Freye 18
Frühauf 19
Fürstenberg 4, 11
Funke 16

Gehler 22
Geitler 17
Gerdes 4
Gerthsen 14
Gottschald 7, 8
Graewe 15
Graf 22
Grigull 20
Grodzinski 20
Großmann 21
Grotemeyer 13
Gruner 17

Haack 10
Hämmerling 16
Haller 6
Haltenorth 18
Hamann 16
Hanke 20
Hannemann 17
Hartmann 16
Hartung 6
Hassak 16
Hasse 12

Haussner 12
Heil 17
Heissler 10, 21
Hempel 8
Henglein 18
Herberg 22
Hernried 5
Herter 17, 18
Hessenberg 13
Hilf 11, 19
Hoernes 6
Hoffmann, O. 9
Hofmann, D. 8
Hofmann, H. 15
Hofmann, J. E. 12
Hofmann, W. 4
Hofstätter 4
Hofstaetter 7
Hoheisel 13
Hohenleutner 6
Huber 17
Humburg 19
Huttenlocher 18

Jacob 6
Jaeckel 17, 18
Jaeger 10
Jahr 15
Jander 15
Jantzen 8
Jaspers 3
Jesch 7
Jiriczek 7
Jung 4
Jungbluth 21
Jurksch 11, 14

Kaestner 17
Kalitsunakis 9
Kamke 13
Kaulbach 3
Kesselring 19
Kirn 6
Kleinlogel 22
Klemm 15
Klobe 12
Klug 16
Kneser 13
Knoll 15
Knopp 13
Koch 3
König 14
Körting 22
Kolb 8
Koller 16
Kolms 11
Koschmieder 14
Kosiol 11
Krahe 8
Kranefeldt 4
Kresze 15
Krückmann 10
Krug 10
Krull 12
Kuckuck 17
Küchler 21
Kümmel 4
Kutzelnigg 16

Landmann 3
Langen 11, 14
Langosch 7
Lau 4
Lausberg 9
Lechner 20
Lehmann, G 3
Lehmann, G. 21
Lehnert 8, 9
Leisegang 3
Lengerken, von 17
Leuschner 6
Liebich 9
Lietzmann 6
Lockemann 15
Löbell 13
Lorenzen 3, 12
Lotze 18
Ludin 22
Ludz 3
Lüdemann 18

Mahler 15
Marcard 21
Matthes 20
Mattick 17
Maurer 8
Mayrhofer 8
Megede, zur 19
Meid 8
Meiners 19
Meinke 19
Meissner, B. 10
Meißner, P. 9
Mellerowicz 10
Meyer, R. 10
Meyer, W. 19
Meysenbug, v. 20
Mitzka 7
Moede 4, 11
Mohr 19
Moser 5
Müller, G. 7
Müller, H. R. 14, 21
Müller, W. 19, 20
Münch 17
Mutschmann 9

Nagel 4
Naumann 7, 8
Neger 17
Nestle 9
Nicolas 11, 14
Niese 21
Nollen 16

Oberhuber 10
Oehlmann 5
Ohm 11
Onasch 4

Päsler 14
Paulsen 10, 11
Pepping 5
Pfanzagl 11
Pirani 19
Pokorny 8
Polenz, v. 7
Preller 7
Putz 19

Ramdohr 18
Ranke 8
Redeker 4
Reichenow 17
Ringleb 12
Rohrbach 12
Rumpf 5
Runge 19

Sauter 15
Schäfer 19
Scharrer 18
Scheer 15
Scherer, A. 9
Scherer, G. 9
Scheurig 6
Schilling 3
Schirmer 7

Schlenk 15
Schlingloff 5
Schmid 9
Schmidt 22
Schmidt-Clausing 4
Schneider, H. 7
Schneider, H. J. 11, 14
Schoeneberg 12
Scholz 13
Schubel 9
Schubert, H. 12
Schubert, K. 5
Schulze, E. 19
Schulze, W. 15
Schwartz, W u. A. 16
Sedlaczek 20
Seidel 17
Simmel 3
Sohr 15
Sperber 7
Steinmetz 9
Stolberg-Wernigerode, zu 7
Stolz 9
Strubecker 14
Stuloff 12
Stupperich 4

Tafel 21
Teichmann 22
Thum 20
Tochtermann 20
Tölke 22
Treue 6
Troche 22
Tschiżewskij 10

Unger 19
Urich 17

Valentiner 14
Vasmer 10
Vetter 15
Viëtor 7
Vogel 18

Waltershausen, v. 5
Weden 7
Wedepohl 16, 18
Wedig 11
Weigert 5
Weimer 4
Weinstock 8
Wendland 4
Wendt 11
Wickop 22
Wiese, v. 4
Wiesenewsky 19
Wisniewski 7, 8
Wittig 13

Zemann 16, 18
Zietemann 21
Zipperer 20

FSC
www.fsc.org
MIX
Papier | Fördert
gute Waldnutzung
FSC® C083411

Kolibri 360 GmbH
Ferdinand-Jühlke-Straße 7
99095 Erfurt, Deutschland
produktsicherheit@kolibri360.de